August von Schloßberger

Neuaufgefundene Urkunden über Schiller und seine Familie

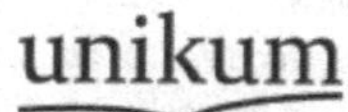

August von Schloßberger

Neuaufgefundene Urkunden über Schiller und seine Familie

ISBN/EAN: 9783845744322
Erscheinungsjahr: 2012
Erscheinungsort: Bremen, Deutschland

www.unikum-verlag.de | office@unikum-verlag.de

August von Schloßberger

Neuaufgefundene Urkunden über Schiller und seine Familie

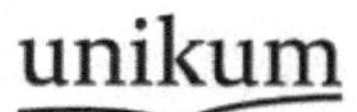

Neuaufgefundene Urkunden

über

Schiller und seine Familie.

Herausgegeben

von

Dr. v. Schloßberger,
Vicedirector des K. Württemb. Geh. Haus- und Staats-Archivs.

Stuttgart.
Verlag der J. G. Cotta'schen Buchhandlung.
1884.

Vorwort.

Seit dem Jahre 1877, in welchem bei Carl Krabbe dahier eine „Archivalische Nachlese zur Schillerlitteratur" von mir erschienen ist, habe ich, ermuntert durch die allseitige freundliche Aufnahme jener Veröffentlichung, meine Nachforschungen nach weiteren unseren großen Dichter näher oder entfernter betreffenden Dokumenten fortgesetzt und es ist mir zu meiner Befriedigung gelungen, aufs neue eine Reihe von Urkunden aufzufinden und mitgetheilt zu erhalten, welche allgemeines Interesse gewähren und zur Publikation sich eignen dürften. Sie sind theils in dem K. Staatsarchive dahier und in dem K. Staatsfilialarchive zu Ludwigsburg entdeckt worden, theils lagen sie bisher unbenützt bei Gerichts- und Gemeindeakten zu Marbach. Die an letztgenanntem Orte gefundenen Schriften sind nunmehr sämmtlich dem Inventare des dortigen Schillerhauses einverleibt, woselbst sie sorgfältig verzeichnet und verwahrt sind; ihre vollständige Kenntniß verdanke ich der mich sehr verpflichtenden Güte des Herrn Stadtschultheißen Haffner zu Marbach, derzeitigen Vorstands des Schillervereins.

Die Verehrer Schillers werden in vorliegender Veröffentlichung — abgesehen von den Notizen über dessen Aufenthalt in Ludwigsburg im Jahr 1793 — zwar nur wenig Neues über seine Person, dagegen um so mehr manche erwünschte Kunde über die häuslichen und namentlich die ökonomischen Verhältnisse seiner nächsten Ascendenten finden; insbesondere wird die zeitweise trostlose, durchaus unverschuldete Lage des Hauptmanns Schiller, wie er sie selbst in drastischer Weise in mehreren Briefen schildert, herzlichstes Mitgefühl mit dem wackeren Manne hervorrufen. Vergebens berief er sich unter Anderem auf die jetzt so viel genannte Kommunalsteuerfreiheit der Officiere; weder die Behörde in Marbach, noch in letzter Instanz Herzog Carl erkannten dieses Privilegium in dem beanspruchten Umfange an.

Ferner erhellt aus einem der jüngst aufgefundenen Dokumente, daß, was meines Wissens bis jetzt unbekannt war, Schillers im Jahre 1708 erstmals verehlichte Großmutter väterlicher Seits, die Wittwe des Bäckers und Schultheißen Johannes Schiller zu Bittenfeld, in älteren

Tagen — „einige Jahre vor 1753" — nochmals sich verheirathet hat. Ihr scheint somit nicht, wie der Königin Elisabeth von England, der „annulus nuptialis" als „annulus jugalis" gegolten zu haben. Unterschreiben konnte Frau Schiller den Ehevertrag nicht selbst, „weilen sie Schreibens nicht erfahren".

Als vollkommener Schwindler entpuppt sich der vielbesprochene Taufpathe unseres Dichters, Johann Friedrich Schiller, philos. studiosus, welcher wenigstens eine Zeit lang in der Schiller'schen Familie in großem Ansehen gestanden sein soll. Es wird an der Hand verschiedener bisher nicht gekannter Urkunden unten des Näheren von ihm die Rede sein. Ich möchte unserem großen Dichter Glück dazu wünschen, daß dieser Pathe nur sein entfernter Vetter, nicht aber sein Bruder, nicht sein Oheim, auch nicht sein Lehrer gewesen ist, wie früher theilweise angenommen wurde.

Zwei in den Jahren 1876 und 1879 in der besonderen Beilage des „Staatsanzeigers für Württemberg" auf Grund „des Befehlbuches der Carlsakademie" von mir veröffentlichte kleinere Aufsätze, betitelt: „Ein weiterer urkundlicher Beitrag zur Chronologie von Schillers Flucht aus Stuttgart" und „Carl Augusts von Sachsen-Weimar und Göthes Besuch in der Carlsakademie zu Stuttgart" sind in dem vorliegenden Schriftchen wiedergegeben, was im Hinblick auf die verschiedenen Leserkreise keiner besonderen Rechtfertigung bedürfen wird. Ebenso hat in demselben ein vor einigen Monaten in der „Allgemeinen Zeitung" erschienener Aufsatz von mir über das leider immer noch vermißte Carmen Schillers auf Wildmeister, zugleich mit den in der Zwischenzeit mir zugekommenen gütigen Mittheilungen über die Familie von Wildmeister, im Interesse weiterer Nachforschungen Aufnahme gefunden. — So möge denn auch dieser Beitrag zur Schillerlitteratur sich nachsichtiger und geneigter Leser erfreuen dürfen!

Inhalts-Verzeichniß.

Seite

I. Geburths Brief vor Herrn Johann Caspar Schiller, Chirurgum, von Bittenfeld, Waiblinger Amts, gebürtig, d: d: 20. Aug. 1749 . . . 1

II. Schreiben des Fouriers Johann Kaspar Schiller an Vogt Bürgermeister und Gericht zu Marbach, d. d. 5. Februar 1753 . . . 3

III. Heuraths Pactum Johannes Gannsen, burgerlichen Innwohners zu Murr, und seines 2ten Eheweibs Evae Margarethae, (weiland Johannes Schillers seeligen, gewesenen Schultheißen von Bittenfeld, nachgelaßener Wittib,) d. d. Murr 23. Novembris 1753. Publicirt den 11. Maji 1759. (Mit 16 Sigillen versehen) . . . 8

IV. Schreiben des G. F. Kodweiß, Bürgers und Bäckers zu Marbach, an den HochEdelgestreng und Rechtsgelehrten, Herrn Herrn N. N. Osiandern, Seiner Hochfürstlichen Durchläucht zu Württemberg Wohlbestelten Klosters-Hoffmeister in Steinheim an der Murr, d. d. 11. August 1755 13

V. Schreiben des Fouriers Johann Caspar Schiller an Vogt, Bürgermeister und Gericht zu Marbach, sine dato (vom Jahre 1756), in Steuerangelegenheiten 15

VI. Schreiben des Hauptmanns Johann Caspar Schiller an Oberamtmann Andler in Marbach, d. d. Lorch 24. August 1766, in demselben Betreffe wie Nr. V. 17

VII. Eingabe des Hauptmanns Johann Caspar Schiller an den Herzog Carl von Württemberg, d. d. Lorch, 4. November 1766, ebenfalls Steuerangelegenheiten und rückständigen mehrjährigen Sold, auch sonstiges Guthaben an Werberechnungen betreffend. Nebst herzoglichen Entschließungen vom 20. November und 18. Dezember 1766, und einem Auszuge aus dem dießfälligen Berichte des Oberamts Marbach vom 6. Dezember desselben Jahres 20

VIII. Schreiben des Hauptmanns Johann Caspar Schiller an Oberamtmann Andler zu Marbach, d. d. Lorch 11. Novbr. 1766, gleichfalls die Besteurung betreffend 24

IX. Carl Augusts von Sachsen-Weimar und Göthe's Besuch in der Carlsakademie zu Stuttgart am 12/14. Dezember 1779. Schiller erhält 4 Preise. (Aus der besonderen Beilage des „Staatsanzeigers für Württemberg" vom 13. Dezember 1879, Nr. 31) 27

Seite

X. Das Schiller'sche „Gedicht auf Wiltmeister“ vom J. 1780. (Aus der „Allgemeinen Zeitung“ vom 29. Oktober 1883, Nr. 301.) Nebst einigen weiteren Notizen über die Familie v. Wildmeister 35

XI. Ein weiterer urkundlicher Beitrag zur Chronologie von Schillers Flucht aus Stuttgart (22. September 1782). (Aus der besonderen Beilage des „Staatsanzeigers für Württemberg“ vom 8. November 1876, Nr. 26) 43

XII. Bericht des General-Majors und Generalquartiermeisters von Nicolai in Ludwigsburg über Schillers Ankunft daselbst, d. d. 14. Septbr. 1793 49

XIII. Schillers Pathe: Johann Friedrich Schiller, studiosus Philosophiae, seine Schreiben an Herzog Carl von Württemberg und seine Projecte 52

I.

Geburths Brief vor Herrn Johann Caspar Schiller, Chirurgum, von Bittenfeld, Waiblinger Amts, gebürtig, d: d: Bittenfeld 20. Aug. 1749.

Dieses Dokument, vermöge dessen dem Johann Caspar Schiller, Vater des Dichters, von Seiten des Schultheißen und der Richter zu Bittenfeld bezeugt wurde, daß er „ehe- und ehrlicher Geburth, auch keiner Leibaigenschaft unterworfen sei", und auch sonst von ihm „alles ehrlichs, liebs und guths" gemeldet wurde, mußte von demselben aus Anlaß eines Gesuchs um Erwerbung des Bürgerrechts bei der Stadt Marbach eingereicht werden. Bürgerannahme und Beeidigung erfolgten am 29. September 1749.

Wir Schultheiß Burgermeister und Gericht zu Bittenfeld, Waiblinger Amts, in dem hoch löblichen Herzogthum Würtenberg gelegen, urkunden und bekennen hiemit gegen männiglich, deme dieses zu lesen zukommt und gebühret:

Demnach Herr Johann Kaspar Schiller, Chirurgus, uns geziemend zu erkennen gegeben, was masen Er ein beglaubigtes Attestat seiner Ehrlichen Geburt und Freyheit halber benöthiget wäre, mit Bitte, Ihme dieserwegen den erforderlichen Schein zu ertheilen; Und Wir nun Ihme in diesem Begehren zu condescendiren keinen Anstand finden. Als bezeügen wir zur Steüer der Wahrheit, in Krafft diß offenen Brieffs, bey obhabenden Amts Pflichten, daß vorermelter Herr Johann Caspar Schiller, nach Ausweiß des uns fürgelegten legalen Extractus Kirchen- und Taufbuchs von weyland Herr Johannes Schiller, gewesenen Schultheißen daselbst, und dessen Mutter, Eva Margaretha, als seinen wahren natürlichen Eltern, in rechtmäßiger Ehe erzeügt, den

27. Octobris 1723 zur Welt gebohren, und so fort darauff zur heyligen Tauf befördert, auch in solcher von Johannes Majer, heiligen Pfleeger, und Anna Magdalena, Johann Georg Schnellen, Müllers Eheweib, samtlichen von hier, vertretten worden seye, also, daß man an deßen Geschlecht und Herkommen nicht das wenigste auszusetzen, sondern Er vielmehr ehe- und ehrlicher Geburth, auch keiner Leibaigenschaft unterworfen, annebst sich in der Zeith, da Er sich hier auffgehalten, so auffgeführt, daß von Ihme nichts, als alles ehrlichs, liebs und guths gemeldet werden kan.

Deßen zu wahrem Urkund haben Wir gehorsamst ersucht und gebetten, den HochEdelgebohrnen und Großachtbarn Herrn Johann Christian Venningern, Ihro hochfürstlichen Durchlaucht zu Würtenberg hochangesehenen Rennt Cammer Expeditions-Rath und Bogten zu Waiblingen, unsern hochgeEhrtest, hochgebietenden Herrn, daß derselbe sein führendes Amts Sigill (jedoch anderwärts ohne praejudiz) öffentlich hiervorgetruckt. So geschehen und geben

Den 20. Augusti 1749.

In Abwesenheit Herrn Rent-Cammer Expeditions-Rath und Vogt Venningers verificirt Obiges:
Vogt Amtsverweser,
Burgermeister zu Waiblingen,
Johann Christoph Jäger.
(L. S.)

Schultheiß und Richtere zu Bittenfeld:
Wolfgang Begler.
Joh. Georg Weigle.
Jacob Brust.
Hß. Michel Luz.
Johannes Müller.

II.

Schreiben des Fouriers Johann Kaspar Schiller an Vogt Bürgermeister und Gericht zu Marbach, d. d. 5. Februar 1753.

Diese Eingabe gewährt einen traurigen Blick in den Vermögensruin der Kodweiß'schen Familie. Ob derselbe nur durch eine Neckarüberschwemmung, wie bisher angenommen wurde, herbeigeführt worden ist, möge dahin gestellt bleiben. Palleske spricht auch von „unvorsichtigen Bauten und Güterkäufen". Johann Kaspar Schiller, der übrigens sonst sehr schonend von den fatalen Umständen spricht, in die sein Schwiegervater „durch das Flozwesen" gerathen, und den durch die erstandenen Fatiguen vor den Jahren alt und elend gewordenen Mann, welcher sowohl pro bono publico, als privatim seinen Nebenmenschen Gesundheit und Vermögen aufgeopfert habe, nicht vollends unter der Last des Jammers ersticken zu lassen bittet, indem er ihn aufs Rührendste mitleidiger Rücksichtnahme empfiehlt, macht ihm doch den Vorwurf eines gewissen „Leichtsinns" (Indolenz?) bei der Führung seiner Geschäfte.

Hoch Edelgebohren- und Rechtsgelehrter.
Hoch- und WohlEdel, Edel, WohlEhrenVöst, Hoch- und WohlVorgeacht, Fürnehm, Fürsichtig, Hoch- und Wohlweise ꝛc.
Hochgeneigt, Großgünstige, Hoch- und VielgeEhrtiste H. H. Herrn.

Schon unter dem 12ten Januarii a. c., da ich von Serenissimo zu einem Fourier bey dem Hochfürstl. Württemberg. Prinz Louisschen Infanterie Regiment, und zwar unter des

Herrn Obrist Baron de Camaigre Compagnie, allergnädigst recipirt worden, haben mir Höchstdieselbe gnädigst aufgegeben, wegen der mir anvertrauenden Compagnie-Geldtern eine legale Caution à 300 fl. in sichern Mitteln bestehend, nicht allein zu praestiren: Sondern auch von Euer HochEdelgebohren und Einem WohlLöblichen Magistrat Marbach eine gerichtliche garantie meines sämtlichen Vermögens auf das bäldiste beyzubringen. Da ich nun bißhero wegen vielen Geschäfften keine Zeit gewinnen können, diesem mir gnädigst aufgegebenen Befehl unterthänigste Folge zu laisten, so bin ich vorige Woche zum zweyten Mahl erinnert und anjezo von Sr. Hochfreyherrlichen Gnaden, meinem Herrn Obristen, deßwegen abgeschickt worden, gedachte mir auferlegte Caution und Garantie dem Löblichen Regiment einzulüfern. Euer HochEdelgebohren und Einem WohlLöblichen Magistrat allhier wird also nicht unbekannt seyn, es erhellet auch auß dem — über mein und meiner Ehefrau zusamen gebrachtes Vermögen errichteten — Inventario zur Genüge, daß ich meines Orts an paarem Geldt 213 fl. in matrimonium inferit, mein Schwervatter hingegen seiner Tochter, meiner Frau, an Liegenschafft 190 fl. Werth zum Heurathguth gegeben, so daß unser Inventarium an sichern Mitteln, ohne Mobilien oder Kleyder über 400 fl., mit solchen aber gegen 700 fl. sich beloffen. Nun habe ich mein hergebrachtes paares Geldt gleich anfangs nicht allein meinem Schwervatter eingehändiget, und mir dargegen 1/3tel seiner Behaußung gerichtlich zu — und einschreiben lassen, sondern es ist auch das — auß dem — meiner Frau zum Heurath-Gut gegebenen — ex post aber von meinem Schwervatter verkaufften Graß- und Baumgarten bey der Farb erlößte Geldt in deßen Nutzen verwendet — dagegen aber mir versprochen worden, wann ich meine aigene Oeconomie anfangen würde, vor diesen verkaufften Gartten andere liegende Güther abzutretten, und zu übergeben. Mithin habe ich bißhero eine beständig und gültige Forderung an meines Schwervatters Liegenschafft zu machen gehabt, und hätte auch ohnfehlbar mir das meinige extradiren laßen, wann ich meine SchwiegerEltern verlaßen und eine eigene Haußhaltung anfangen wollen. Aber ihnen in der Wirthschafft einiges Soulagement zu machen haben wir bißhero miteinander gelebet, und diese Sache biß zum Verkauff sämtlicher Güther und der Behausung außgesetzt seyn laßen. Inmittelst habe ich meinen Stand gar geändert, und mich wiederum in militari engagirt, dardurch ich die Gelegenheit verlohren, auf die bißher vorgegangene und noch vorgehende Handlungen meines Schwervatters zu sehen, da mir doch incumbirt, an seinen fatalen Umständen, worein derselbe durch das Flozwesen gerathen, theil zu nehmen und wider die — zu seinem und der seinigen höchsten Nachtheil leichtsinnige und erschlichene Alienation seiner sämtlichen Liegenschaft zu protestiren. Dann, da so zu sagen kaum der Thüre den Rücken gewendet, so mußte mit Erstaunen vernehmen, daß mein Schwervatter abermahlen theils auß Leichtsinnigkeit, theils auß eingejagter Angst und Zwang sich persuadiren laßen, dem Herrn Factor Harttmann, welchem er noch einigen Holzrest schuldig, vor solchen alle seine noch gehabte Liegenschafft abzutretten und Ihne damit nach eigenem Gefallen handlen, schalten und walten zu laßen, da doch dem Herrn BurgerMeister Harttmann meine an die Kodweissische Liegenschafft zu machen habende gerechte Forderung mehr als zu wohl bekannt gewesen, auch als meiner Frauen Heurath-Guth auf keine Weise mir schwer gemacht, vielweniger disputirt noch entzogen werden kan. So wenig ich nun diesen erschlichenen Güther-Kauff, und dardurch mir und denen meinigen erwachsenen Nachtheil und Schaden, da diese Güther in einem noch ringern Preiß, als ich solche selbsten zu bezahlen mich anerbotten, von dem Herrn BurgerMeister Harttmann verschachert worden, billigen kan, um so mehr halte mich berechtiget, hiemit vor Euer HochEdelgebohren und Einem Wohllöblichen Magistrat wider dieses Verfahren in optima forma zu protestiren. Dann wo wollte ich sonsten eine sichere Hypothec einer Caution nehmen, wann ich nicht auf diese Güther staat machen und Serenissimo 400 fl. sichere Mittel versprechen können? Herr Factor Harttmann mag zwar noch einige Forderung an meinen Schwervatter machen können und auf seine aufgestellte Caution provociren, allein da solche nur die Herrschaftlichen Geldter concernirt, und der noch jezige Rest wenigsten theils in solchen — sondern mehrers in denen — Zeit dieser Factorie an meinem Schwervatter gemachten Profiten bestehen wird, geschweige daß Herr Factor Harttmann schon die besten GütherStücke meines Schwervatters an sich gerißen und Fürkäufflerey damit getrieben hat, so wird es billig sein, daß sich solcher mit seiner Forderung als einer bürgerlichen Schuld biß auf den Verkauff der Löwenwirthschafft gedulte.

Euer HochEdelgebohren und Einen Wohllöblichen Magistrat allhier will dannenhero hiemit höflich und instantissime ersucht und gebetten haben, diesen offtgedacht erschlichenen Kauf der Kodweissischen Liegenschafft entweder ganz zu annulliren, oder den Herrn BurgerMeister Harttmann dahin anzuhalten, daß mir derselbe von dem bereits erhobenen Kaufschilling vor meinen verkaufften Gartten das auf solchen Güthern gutstehende Capital mit 150 fl. retradire. Ueber dieses auch mir vor meine auf der Löwenwirthschafft stehende 213 fl. judicialiter zu garantiren, daß mir diese Summa bey deren Verkauff mit dem paaren Angeldt bezahlt werde, alß worüber ein solennes Instrumentum cautionis mir angelegenst außbitte, worinnen ich meines sämtlichen allhier zu suchen habenden Vermögens bestens versichert werde. Und da ich anjezo in dem Höchsten Herrendienst stehe, mithin weeder Zeit uoch Erlaubnuß habe, mich aufzuhalten, ohne mitbringende Caution aber bey Löblichem Regiment nicht erscheinen darff, So hoffe, daß mir in meinem billig und gerechten Gesuch um so ehender bäldist gratificirt werde, als ich Zeit meines Hierseyns niemand Ursache gegeben, sich über mich zu beschwehren, oder das meinige mir mißgönnen und schwer zu machen, wie ich denn auch in Zukunfft mich als einen Burger von Marbach ansehen und mich gegen Euer HochEdelgebohren und Einem Wohllöblichen Magistrat so respectuose zu bezeugen bestreben werde, daß kecklich wieder einmal retourniren — und mein Domicilium allhier suchen darff. Uebrigens bitte Euer HochEdelgebohren und Einen Wohllöblichen Magistrat beweglichst, die fatale Umstände, worin mein Schwervatter durch das Flozwesen gerathen, mitleydigst zu beherzigen, und diesen durch erstandene Fatiguen vor den Jahren alt und elend gewordenen Mann, welcher sowohl pro publico bono, als privatim seinem NebenMenschen Gesundheit und Vermögen aufgeopfert, nicht vollends unter der Last seines Jammers ersticken zu laßen, sondern in Betracht der — von der ganzen Kodweissischen Familie der Statt Marbach treu geleisteten Dienste, diesem anjezo ältisten Kodweissen seine noch zu leben habende vielleucht wenige Tage durch Deroselben Schutz und weise Veranstalltung dahin zu souteniren, daß er von den Anfällen seiner Creditorum nicht gar aufgerieben werde. Unter Anhoffung geneigtister Willfahr empffiehlet sich

Euer HochEdelgebohren und
Einem Wohllöblichen Magistrat
Dero

Marbach
den 5. Februarii
1753.

Gehorsam ergebenster
Johann Caspar Schiller
Fourier.

Adresse:

Dem HochEdelgebohren und Hochgelehrten, wie auch denen Hoch- und WohlEdeln, Edel, WohlEhrenVöst, Hoch- und WohlVorgeacht, Fürnehm, Fürsichtig, Hoch- und Wohlweisen, Hochgeneigt, Großgünstigen, Hoch- und VielgeEhrtisten H. Herren Expeditionsrath Vogt, Burgermeister und Gericht

zu Marbach.

III.

Heuraths Pactum Johannes Gannsen, burgerlichen Innwohners zu Murr, und seines 2ten Eheweibs Evae Margarethae, (weiland Johannes Schillers seeligen, gewesenen Schultheißen von Bittenfeld, nachgelaßener Wittib,) d. d. Murr 23. Novembris 1753.

Publicirt den 11. Maji 1759.

(Mit 16 Sigillen versehen.)

Nach vorliegender Urkunde hat die Großmutter des Dichters väterlicher Seits, Eva Margaretha Schiller, die im Jahr 1708 die erste Ehe eingegangen hatte und im Jahr 1733 Wittwe geworden war, sich in höherem Alter, — einige Jahre vor 1753 — nochmals verheirathet, obwohl sie 7 Kinder aus erster Ehe hatte, nämlich:

1) Johannes,
2) Johann Kaspar (den Vater Schillers),
3) Johann Jacob,
4) Christine, verehlichte Blumhart,
5) Magdalena, verehlichte Häberle,
6) Susanne, verehlichte Brust, und
7) Margaretha, verehlichte Stolpp.

Ich habe es versucht, über diese zweite Ehe, insbesondere über die Zeit ihres Beginns sowie ihres Aufhörens, aus den Kirchenbüchern zu Murr und Bittenfeld Näheres zu erfahren. Das Ergebniß der betreffenden Erkundigungen beschränkt sich auf nachstehende freundliche Mittheilungen der Herrn Pfarrer Friz in Murr und Heller in Bittenfeld:

a) von Murr:

„Zu meinem großen Bedauern kann ich Ihnen trotz sorgfältigster Nachforschungen die gewünschte Auskunft nicht geben. Ein

Johannes Ganß hat sich zwar 16. Febr. 1706 mit Anna Margaretha geb. Schmid von hier verehlicht und hat mit derselben bis zum Jahr 1740, in welchem Jahr die Ehefrau gestorben ist, gelebt; ob aber derselbe als Wittwer zum zweiten Mal in die Ehe getreten ist, resp. mit Eva Margaretha Schiller Wittwe sich verehlicht hat, darüber findet sich in den hiesigen Kirchenbüchern keine Spur. — Möglich wäre es, daß Johannes Ganß als Wittwer sich nach Bittenfeld verehlicht hätte und dorthin gezogen wäre, später aber, etwa nach dem Tode seiner zweiten Ehefrau, wieder hieher zurückgekehrt wäre, wo er nach dem hiesigen Todtenregister am 25. April 1759 gestorben ist. — Der Name ‚Eva Margaretha Schiller' kommt in keinem hiesigen Kirchenbuch vor".

Pfarrer Friz.

b) von Bittenfeld:

„Leider kann ich keine erwünschte Auskunft aus hiesigen Kirchenbüchern geben. 1708 den 30. Oktober haben Hochzeit gehalten: Johannes Schiller, Bek, weiland Johann Kaspar Schillers allhier hinterlassener Sohn, und Eva, weiland Johann Heinrich Schatz, gewesenen Uhrenmachers zu Alfdorf, hinterlassene Tochter.

Den 20. Oktober 1682 geboren hier: Johannes; Eltern Hannes Kaspar Schiller, Bek hier, uxor: Anna Katharina. 1753 sind 3 Kopulationen hier aufgezeichnet, aber nicht die Kopulation der Eva Margaretha, weiland Johann Schillers, gewesenen Schultheißen zu Bittenfeld, nachgelassener Wittib mit Gannsen, bürgerlichem Einwohner zu Murr, überhaupt keine Wiedervermählung derselben. Der Name Gannß kommt überhaupt nicht vor in hiesigen Kirchenbüchern.

Wann die Eva Katharina, geb. Schatz, gestorben ist, und wo, ist auch in hiesigen Kirchenbüchern nicht zu finden."

Pfarrer Heller.

Da nach vorstehenden Notizen Johannes Ganß am 25. April 1759 gestorben, dieses Ehepactum aber am 11. Mai 1759 publicirt worden ist, so scheint die vormalige Wittwe Schiller auch ihren zweiten Ehegatten, mit dem sie jedenfalls nicht früher als 1741 und wohl nicht später als 1750 getraut worden ist, überlebt zu haben. Von ihrem späteren Schicksale ist nichts Weiteres bekannt.

In dem Namen der Höchsten und allerheiligsten Dreyfaltigkeit, Amen!

Khund und zu wißen seye hiemit, daß an heut zu End gesetztem Dato zwischen Johannes Gannsen, burgerlichem Innwohnern zu Murr, Marbacher Amts, an einem — sodann deßen zweyter Ehefrau Evae Margarethae, weyland

Johannes Schillers, seeligen gewesenen Schultheißen zu Bittenfelld, Waiblinger Amts, nachgelaßenen Wittib, am andern Theil, folgender Heuraths-pact, mit wohlbedachtem Rath, Willen und Wißen sowohl sein Johannes Gannsen in 1.ter Ehe mit Anna Margaretha, einer gebohrenen Schmidin, erzeugten Kinder, benannt: Veit Gannsen, Ludwig Gannsen, Michel Gannsen, Annä Margarethä, Simon Knorppen verstorbenen Eheweibs, nachgelaßener Kinder Pfleegers obigen Veit Gannsen, Dorotheä, Johannes Kurzen zu Erdmannhausen Eheweib, Catharinä, Christoph Schnellen Müllers zu Waldhausen Lorcher Amts Haußfrau, als auch der jezigen Ehefrau, obberührter Evä Margarethä, mit ihrem ersten Mann erzihlter Kinder, nehmlich Johannes, Johann Caspar, Johann Jacob, Christinä, Friderich Blumhardts zu Neccarrems Eheweib, Magdalenä, Georg Häberlens zu Ludwigsburg Eheweib, Susannä Mariä, Johann Ludwig Brusten von Bittenfelld Eheweib, Evä Margarethä, Georg Caspar Stolppen zu Marbach Eheweib, nichtweniger beederseitiger Kinder nächster Verwandten von ihrer seeligen verstorbenen respective Mutter und Vatter, abgeredt und endlichen beschloßen worden, wie hienach des mehrern zu ersehen, und zwar:

Erstlich, daß wie die beede Eheleuth nach Gottes heyliger Ordnung und in deßen Nahmen schon vor einigen Jahren in den heyligen Ehestand getretten, also dieselbe auch einander in treuer Lieb und Freundschafft, wie vorhin Christlichen Eheleuthen gebührt, von Herzen meynen und halten, auch auf diese Weise, solang Ihnen die Gnade des Höchsten das Leben bey einander fristen und gönnen werde, in aller Einigkeit continuiren wollen; da aber hingegen nach dem göttlichen Willen und Rathschluß von Ihnen beeden Eheleuthen eines von dem andern absterben würde, und sich zutrüge, daß der Mann Johannes Ganß vor seinem Eheweib seeligen Todes verschieden sollte, so solle alsdann

Zweytens sie, das Weib, an der Errungenschafft oder Einbuß keinen Theil nehmen, hingegen derselben neben ihren Kleidern und einem angemachten Bett vor ihr Allatum und Erbsportion von des Manns Verlaßenschafft gleich nach deßen Tod von seinen Kindern und Erben zusammen an paarem Gellt Dreyhundert Gulden ohnwaigerlich ausgefolgt und bezahlt werden, innmaßen die Gannsische Erben schuldig und verbunden seynd, ihre Stiefmutter so lang im Hauß und Verpfleegung zu behalten, biß sie um das abgeredte völlig abgeförttiget ist, und damit solle sie, das Weib, auch content und zufrieden seyn, und ein weiters zu praetendiren nicht Macht haben. Im Fall aber

Drittens sich begebe, daß das Eheweib Eva Margaretha vor ihrem Marito Johannes Gannsen die Schuld menschlicher Natur mit dem Tod bezahlen müßte, so behält der Mann das ganze Vermögen, inclusive deßen, was das Weib in die Ehe gebracht, völlig in seinen Handen, bezahlt hingegen ihr des Eheweibs Kindern erster Ehe vor alles und alles an paarem Gellt hinaus: Zweihundert und fünfzig Gulden, und läßt denen selben noch ihre samtlichen Kleider ohne Abzug an dieser lezt gemelten Summe ausfolgen —, womit sie die Kinder zufriden seÿn — und ein mehrers nicht praetendiren sollen und wollen. Es seynd auch übrigens und

Viertens eines jeden Ehegemächts Erben verbunden, ihren respective Vatter und Mutter christ- und ehrlich begraben zu laßen, ohne daß das überlebende Ehegemächt daran einen Heller zu leyden hat. Endlich aber und

Zum Fünften wollen beede Eheleuthe hiemit in bester Form sich vorbehalten haben, ohngehindert diser getrofenen Abrede ratione ihres weitern zeitlichen Vermögens zu disponiren, wie es auf ein — oder andern Weeg zwischen ihren Kindern und Erben gehalten werden sollte.

Deßen zu urkundlicher Bekräfftigung haben sich neben denen beeden Eheleuthen, und des Weibs Kriegsvogt, auch die beederseitige Kinder und deren nächste Anverwandte, auch requirirte Gezeugen, nicht nur hienach eigenhändig unterschriben, sondern auch ihre Pettschafften, soviel deren damit versehen, beygetruckt. So geschehen Murr den drey und zwanzigsten Monaths Tag Novembris, Anno Ein Tausend, Sibenhundert drei und fünfzig.

Der Ehemann:
Johannes Ganß.
Deßen Kinder erster Ehe:
Der Sohn Veit für sich und
seiner verstorbenen Schwester

Das Eheweib:
vor sich und dieselbe, weilen sie
Schreibens nicht erfahren, deroselben Kriegsvogt:
Caspar Hieber.

Annä Margarethä Knorppin Kinder, alß deren Pfleeger:
Veit Ganß.
Johann Ludwig Ganß.
Michael Ganß.
Tochtermänner vor sich und deren Weiber, welche nicht schreiben können:
Johannes Kurz.
Joh. Christoph Schnell.
Nächste Anverwandte:
Johannes Elmiehler[2]).
David Zimmermann.
Johannes Knorpp.
Requirirte Gezeugen:
Jacob Blanckh.
Jacob Lang.
Johannes Mößner.

Deren Kinder erster Ehe:
Johannes Schüller[1]).
J. Schiller.
Johann Caspar Schiller.
Eva Margaretha Stolppen.
Deren Maritus:
Georg Caspar Stolpp.
Christina Blumharten.
Joh. Fried. Blummhardt.
Susanna Brusten.
Joh. Ludwig Brust.
Requirirte Gezeugen:
David Knorpp.
Georg Friderich Deyle.
Melchior Haug.

[1]) Johannes Schiller bedient sich eines Sigilles, auf welchem sich eine Brezel mit Freiherrnkrone, sowie die Buchstaben J H S befinden.

[2]) Dieser Name ist so schlecht geschrieben, daß er nicht mit Sicherheit zu entziffern ist.

IV.

Schreiben des G. F. Kodweiß, Bürgers und Bäckers zu Marbach, an den HochEdelgestreng und Rechtsgelehrten, Herrn Herrn N. N. Osiandern, Seiner Hochfürstlichen Durchlaucht zu Württemberg Wohlbestelten Klosters-Hoffmeister in Steinheim an der Mur, d. d. 11. August 1755.

Dieses Schreiben zeichnet sich sowohl durch die gute Handschrift, als auch durch die für einen Handwerksmann eines Landstädtchens in jener Zeit auffallende Korrektheit bezüglich des Styls wie der Orthographie aus. Nur bei dem Fremdworte „estime" wird der Schreiber des Briefs unsicher.

Seiner Begabung ungeachtet verarmte bekanntlich G. F. Kodweiß schließlich so, daß er zu einer Thorwartsstelle seine Zuflucht nahm, die ihm freie Wohnung gewährte. Letztere soll jedoch so armselig gewesen sein, daß der Enkelsohn Schiller, wenn er als Knabe von Ludwigsburg aus den armen Großvater besuchte, der Erzählung Gustav Schwabs zufolge die ärmliche Hütte nie von vorn betreten mochte, sondern vom Stadtgraben aus hinterwärts hineinschlüpfte.

Hoch Edelgestrenger Rechtsgelehrter
HochgeEhrtister Herr Hoffmeister!

Mir ist wohl erinnerlich, daß Ich annoch außer 40 fl. Harth Capital albereits 3 verfallene Zinße schuldig, und der vierte auch nach und nach darzu anwachset, da nun bei diesen Harthen Zeiten nichts zu erwerben, und zu verdienen ist, und Ich nicht waiß, wie solche Zinße auftreiben soll; Gleichwohlan aber mich dieser Posten anficht; So habe Euer HochEdelgestreng um noch eine geringe Borgsfrist gantz gehorsamst ersuchen, und anbey bitten sollen, mir die Gefälligkeit zu erweißen und mich solchen Posten mit Mundirung einiger Geschäfften abverdienen zu laßen, wann anderst Denenselben meine gegenwärtige Handschrifft anständig, der Ich mit besonderer Hochachtung und Estien (sic!) beharre. Marbach, den 11. Aug. 1755.

Euer HochEdelgestreng:

Ganz gehorsamster
G. F. Kodweiß [1])
Burger und Beckh alda.

Adresse:

Dem HochEdelgestreng und Rechtsgelehrten, Herrn Herrn N. N. Osiandern, Seiner Hochfürstlichen Durchläucht zu Württemberg Wohlbestelten Closters-Hoffmeister zu Steinheim. Meinem sonders HochzuverEhrenden Herrn

in

Steinheim

franco. d.d. 11. August 1755. an der Mur.

1) Im Marbacher Ehebuche von 1749 ist als Schillers Großvater aufgeführt: „Georg Friedrich (nicht Johann Friedrich, wie es irrigerweise im Taufbuche bei der Geburt seiner Tochter, der Mutter Schillers, heißt) Kodweiß, Bürger und Bäcker, Löwenwirth und herrschaftlicher Holzmesser.“

V.

Schreiben des Fouriers Johann Caspar Schiller an Vogt, Bürgermeister und Gericht in Marbach, sine dato (vom Jahre 1756), in Steuerangelegenheiten.

(Nicht im Originale, sondern nur in Abschrift erhalten.)

Dieses Schreiben und die nachfolgenden VI—VIII entrollen ein trauriges Bild von der öconomischen Lage des Elternhauses unseres Dichters während des Jahrzehntes 1756—1766. Einerseits ein Familienzuwachs von 3 Kindern, andererseits große Soldrückstände und sogar unzureichender Ersatz für bedeutende Auslagen beim Werbewesen, zuvor schon völlige Verarmung der Familie Kodweiß. Während dreier Jahre hatte Hauptmann Schiller, der noch 2 Unterofficiere beköstigen mußte, nicht den mindesten Sold erhalten. Eine Forderung im Betrage von mehr als 3700 fl. war in jener Zeit und bei den gegebenen Verhältnissen ein großer Betrag; die geringe Aussicht auf baldige Befriedigung und schwere Nahrungssorgen konnten den Hauptmann Schiller wohl erbittern und machen es sehr erklärlich, daß er die Steuerlast sich thunlichst zu erleichtern suchte. Gieng er doch hiebei von der nicht ganz veralteten Ansicht aus, daß ein Officier überhaupt keine Gemeindesteuer zu entrichten habe, und glaubte er doch mindestens erwarten zu können, daß man so billig gewesen wäre, die Anforderung der Steuer so lange zu verschieben, bis das herzogliche Officierskorps wiedere bessere Zeiten sehen würde.

HochEdelgebohrner, Rechtsgelehrter,
Hoch- und WohlEdel, Edel, Hoch- und Wohlvorgeacht,
Fürnehm, Fürsichtig, Hoch, und Wohlweise,
Insonders Großgünstige, Hoch- und VielgeEhrteste
H. Herrn!

Da ohnelängst bey dem würklichen Herrn AmtsBurgermeister Harttmann nach meiner Steuerschuldigkeit gefraget; So mußte vernehmen, daß mir seit meiner Abwesenheit das völlige BurgerGeld mit jährlichen 2 fl. angerechnet worden. Nun will ich mich wohl bescheiden, daß, wann das Burger Recht in Marbach beyzubehalten gedenke, ich mich dieses oneris nicht gänzlich befreyet sehen werde. Gleichwie aber zur Burgersteuer auch der Genuß burgerlicher Beneficien gehöret, deren ich doch seit meiner Abwesenheit im Geringsten nichts erhalten, ohngeachtet ich durch meinen Schwehr-Vatter, Georg Friderich Kodweisen, zu verschiedenen mahlen um das gewöhnliche Harth Holz ansuchen lassen; So wäre es ja wider alle Billigkeit, wann mir die Bezahlung des völligen Burger-Gelds angesonnen werden wollte, zudeme ich in Landesherrlichen Diensten bin, und das meinige ad Cassam militarem auch contribuiren muß.

Wannenhero ich Euer HochEdelgebohren, und meine Großgünstige, Hoch- und VielgeEhrteste H. Herrn hierdurch gehorsamsten Fleises ersuchen und bitten wollen, Hochdieselben möchten großgünstig geruhen, mir nicht allein das bißher angerechnete völlige Burger-Geld, in Ansehung der nicht genossenen burgerlichen Beneficien und daß ich in Marbach nicht das mindeste Commercium treibe, ad dimidiam partem zu reduciren. Sondern auch in Zukunfft mir weitters nicht, als jährlich 1 fl., aufrechnen zu lassen. Was ich nun nach dieser Reduction zu bezahlen haben werde, solches will allernächst prompte abtragen.

Mich zu Euer HochEdelgebohren und Meiner Großgünstigen, HochzuEhrenden H.Herren WohlGewogenheit gehorsamst empfehlend, erharre unter Anhoffung großgünstiger Willfahr in schuldigster Veneration

Euer HochEdelgebohrn, und
Meiner Innsonders Großgünstigen, Hoch- und VielgeEhrtesten H.Herrn 2c.

sine Dato. Ganz gehorsamst ergebenster,
(Vom J. 1756.) Johann Caspar Schiller
fourier.

Inscriptio:

Dem HochEdelgebohrnen und Rechtsgelehrten,
Wie auch denen Hoch und WohlEdlen, Edlen, Hoch und
Wohlvorgeacht, Fürnehm, Fürsichtig, Hoch und
Wohlweisen H.Herrn Vogt, Burgermeister und Gericht zu Marbach,
Meinen Innsonders Großgünstigen, Hoch- und VielgeEhrtesten
H.Herrn

à Marbach.

VI.

Schreiben des Hauptmanns Johann Caspar Schiller an Oberamtmann Andler in Marbach, d. d. Lorch 24. August 1766, in demselben Betreffe wie Nr. V.

Wohlgebohrner Herr,

Insonders hochzuEhrender Herr Oberamtmann!

Durch den Burger und Weingärter Joh. Jacob Leinsen von Marbach habe letzthin meinen bißher daselbst besessenen Kirchen-Wengert verkauffen lassen, und es hat mir derselbe in einem Schreiben gemeldet, daß an dem Kaufschilling praeter propter 14 fl., die ich zum Burgermeisteramt schuldig sein solle, gleichsam mit Arrest belegt worden.

Nun ist mir zwar nicht unbekannt, daß auf die — gegen Abreichung der Burgersteuer von mir immerhin gemachte Protestation ein gerichtliches Decretum abgefaßt worden, daß meine Frau jährlich — 1 fl. Burgersteuer zu entrichten hätte. Ich will auch in Ansehung derselben und meiner Kinder solche genehmigen und seiner Zeit richtig abführen.

Allein ich kann unmöglich zugeben, daß mir solche an dem noch zu erheben habenden Rest des Kaufschillings detenirt werden solten.

Euer Wohlgebohren will ich hiedurch meine raisons anführen:

1) habe ich bei der Herzoglichen Kriegs-Casse, ohne die seit 2 Jahren ruckständige Gage, nur allein bey der — mir gnädigst anvertrauten Werbung mit Ende dieses ein ActivRemanet von — 3515 fl. 20 kr. zu fordern. Es zeiget sich auch noch nir-

gend keine Hoffnung, daß die leydige Mißhelligkeit zwischen Herrn und Lande nächstens solte beygelegt, und die Militair-Casse in den Stand gesetzt werden, wenigstens eine abschlägliche Bezahlung zu praestiren. Gleiche Bewandtnis hat es mit der Officiers Gage. Euer Wohlgebohrn begreiffen dahero leichtlich, daß ich die hie oder da noch vorfindende Hülfsmittel zur Erhaltung der Reputation summa et extrema indigentia auftreiben und an mich ziehen muß, und daher bin ich genöthiget, die an das BurgermeisterAmt Marbach schuldige Burgersteuer für meine Frau biß zu dereinsten erhaltender Herzoglicher Hülfe hinaus zu sezen.

2) Wird mir praeter propter 14 fl. angesetzt, da ich doch vermög in Handen habenden Steuer-Zettel von Georgii 1765/66 nur 10 fl. 18 kr. $4^1/_2$ Hl. schuldig verbliben, worzu nach vorheriger Berechnung mehrers nicht als ohngefähr 1 fl. 40 kr. kommen kann.

3) Ist ohne mich zu benachrichtigen oder zu vernehmen, an meinen Schwervatter Kodweisen ein Vermögens-Steuer-Zettel auf mich zugestellt, und mir zwar in allem nicht mehr als etliche und 50 kr., aber auch diese widerrechtlich angesetzt worden, da ich erweisen kan, daß alle Officiers, also auch ich, meinen eigene Steuer-Zettel bekommen, nach welchem mir bey meinem Löblichen Regiment bereits — 7 fl. 51 kr. Militair-Beytrag abgezogen worden, welcher Abzug leyder! auch gegenwärttig noch fordauert. Wenn ich nun

4) an der fordernden Burgersteuer von 14 fl. den widerrechtlich angesetzten Militair-Beytrag sowohl, als was sonsten zuviel gerechnet ist, abziehe, so blieben ungefähr 11 fl., unter welchen kein Heller landesherrlicher Abgaben, sondern blos und nicht einmal die ganze Burgersteuer seit meines HinwegZugs von Marbach begriffen ist.

Wenn nun Euer Wohlgebohren und Löblicher Magistrat zu Marbach gleichwohlen auf den Arrest meines Gelts als einem objecto executionis beharren solten, so muß ich declariren, daß ich mich alßdann genöthiget fände, diese meine Gründe Seiner Herzoglichen Durchlauchten unterthänigst vorzutragen, und um relaxation zu bitten.

Es thut mir leyd genug, daß ich nicht zalen kan, allein es seze sich ein jeder anderer in eben solche Umstände, in welchen die

Officiers sich seit einigen Jahren befinden, so wird er gewiß erkennen, daß es unmöglich ist.

Euer Wohlgebohren empfehle mich damit zu geneigtem Andencken und beharre mit der solidesten Hochachtung

Euer Wohlgebohren

Lorch den 24. Aug. 1766.

ganz ergebenster Diener
Schiller Hauptmann.

Adresse:

Monsieur
Monsieur Andler, Grand-Bailli
pour Son Attesse Serenissime Monseigneur le
Duc Regnant de Virtemberg
à
Marbach.

franco Stuttgardt.

VII.

Eingabe des Hauptmanns Johann Caspar Schiller an den Herzog Carl von Württemberg, d. d. Lorch, 4. November 1766, ebenfalls Steuerangelegenheiten und rückständigen mehrjährigen Sold, auch sonstiges Guthaben an Werberechnungen betreffend. Nebst herzoglichen Entschließungen vom 20. November und 18. December 1766, und einem Auszuge aus dem dießfälligen Berichte des Oberamts Marbach vom 6. December desselben Jahres.

Lorch, den 4. Novembris 1766.

Hauptmann Schiller, bey dem herzoglichen General-Major von Stain'schen Infanterie Regiment, bittet unterthänigst um gnädigste Relaxation des von dem Oberamtmann und Magistrat zu Marbach auf den Kaufschilling eines ohnlängst daselbst verkauften Weinbergs wegen noch schuldig seyn sollender Burger- und andern Steuern gelegten arresti.

Durchlauchtigster Herzog,
Gnädigster Herzog und Herr!

Der letzte Rest meines eigenen Vermögens bestunde vor einigen Monaten noch in 1/4 Morgen Weinbergs zu Marbach. Auch diesen konnte nicht bis zum Herbst salviren, sondern mußte nothgedrungen vor dem Herbst mit Schaden verkauffen. 25 fl. wurden mir gleich baar bezalt, und den Rest mit 22 fl. sollte ich auf Martini als den 11. dieses Monats erhalten. Es hat aber OberAmtmann und Magistrat zu Marbach auf diesen Rest, — 14 fl. 6 kr. 3/4 Hl. mit Arrest belegt, weilen ich eben so viel an Burgersteuer und andre Anlagen zum Burgermeister Amt daselbst schuldig seyn solle.

Ob es nun zwar wenige Exempel giebt, daß ein in Euer Herzoglichen Durchlauchten Militair-Diensten stehender Officier oder Soldat, so lange ein solcher in dem Nexu militari noch begriffen, und daselbsten die ihm zukommende Beyträge bestreiten muß, auch zugleich in irgend einem Ort eine Burgersteuer bezalt habe:

So wolte ich jedennoch in Ansehung meiner Frau und Kinder biß anhero mich der Aufrechnung eines jährlichen Guldens Burgersteuer als der Verfügung des Magistrats zu Marbach nicht entziehen, noch Euer Herzoglichen Durchlauchten um gnädigst gänzliche Befreyung davon unterthänigst angehen.

Ich würde auch mit Bezalung derselben niemalen säumig gewesen seyn, wenn nicht schon so geraume Zeit her die Gage und anderes Guthaben zurück geblieben, wie dann in der sub hodierno an Euer Herzoglichen Durchlauchten unterthänigst eingesendeten Werbrechnung das Activ-Remanet bis auf — 3795 fl. 40 kr. angewachsen, von welchen mir über Abzug der Unterofficiers-Forderung — 2673 fl. 40 kr. gebühren.

Mit Ende Septembris stunden 24 Monathe Gage zurück, welch beede Posten zusammen 3393 fl. 40 kr. betragen, und dahero ist leicht zu erachten, daß ich äußerst genöthigt gewesen, alles, was ich nur hie und da aufbringen können, zu mein — und der meinigen nothdürfftigen Unterhaltung anzuwenden, als worzu auch die aus dem verkaufften Weinberg erlößte 47 fl. bestimmt gewesen.

Dies alles habe in einem Schreiben an den Oberamtmann Andler zu Marbach vorgestelt, und mit Bezahlung der an mich fordernden 14 fl. 6 kr. 13/4 Hl. um so lang Gedult angesucht, biß es Euer Herzoglichen Durchlauchten gnädigst gefällig sein würde, mir an meinem Guthaben etwas erkleckliches abraichen zu lassen.

Es machet aber derselbe hierauf ganz keine Reflexion, sondern beharrt unter Vorschützung eines Passus aus der Commun-Ordnung ein für allemal bey dem auferlegten Arrest, und will demnach die in Marbach noch zu fordern habende 22 fl. quaest. als ein vermeintliches objectum executionis nicht aus Handen lassen.

Dieses Betragen nöthiget mich, Euer Herzoglichen Durchlauchten hierdurch unterthänigst zu bitten, den von dem Magistrat zu Marbach auf mein Gelt gelegten Arrest nicht allein vordersamst gnädigst zu relaxiren, sondern auch mich für so lange hin, als ich in denen höchsten Militair-Diensten Euer Herzoglichen Durchlauchten bißher zugebracht, und noch ins Künfftige zuzubringen die Gnade haben werde, von Abraichung einer so genannten Burger-Steuer gerechtist zu absolviren, so mithin auch den offtgedachten Magistrat zu Marbach dahin gnädigst anzuweisen, mir die seit dem 6. Januarii 1753 theils bereits abgenommene, theils noch aufrechnende Burgersteuren wiederum refundiren und abzuschreiben, da ich denn, wenn nach der Abrechnung noch etwas zu bezalen übrig seyn solte, mich dessen im geringsten nicht entziehen werde.

Hierunter getröste mich gnädigster Willfahr, und bin lebenslänglich in äußerster Ehrfurcht, Submission und Treue

Euer Herzoglichen Durchlauchten

Unterthänigst treu gehorsamster

J. C. Schiller Hauptmann.

Auf dem Rücken dieser Eingabe ist bemerkt:

„Serenissimus:

„Zum Herzoglichen Oberamt Marbach, um

„Bericht. sign. Königsbronn d. 20. Nov. 1766."

Der hierauf von Oberamtmann, Bürgermeister und Gericht von Marbach an Herzog Carl erstattete Bericht vom 6. December 1766 war dem Schiller'schen Gesuche nicht günstig. Aus dem Berichte ist namentlich hervorzuheben, daß „der damalige Chirurgus „Schiller schon den 29. September 1749 in das Marbacher Bürger„recht sich eingekauft habe und auch wirklich in dasselbe recipirt „worden sei. Schiller habe niemals auf das Bürgerrecht renunciirt, „noch auch anfänglich wider den völligen Ansatz des Burgergeldes „nur im Mindesten protestirt, selbst dann nicht, als derselbe einige „Jahre als Fourier in Herzoglich Württembergischen Kriegsdiensten „sich befunden und dessen Ehefrau bei sich gehabt, folglich weder „von ihme, noch von ihro die bürgerlichen Beneficia genossen „worden.

„Auch müsse ja ein solcher Burger, so oft derselbe mit Weib „und Kindern revertire, sogleich in den Genuß aller burgerlichen „Beneficien eingesetzt werden, und es seien, was das allerbeträchtlichste sei, alle diejenige Kinder, die derselbe in seiner Abwesenheit „und in Militia erzeuget, eo ipso angeborene Bürger, so daß auf „alle ihnen zustoßenden Unglücksfälle sowohl ein solcher Burger, als „auch dessen hinterlassene Wittib oder deren Kinder von gemeiner „Stadt und denen piis corporibus erhalten werden müßten. So „habe in substrato auch der Hauptmann Schiller, so lange

„sich derselbe in Militia befinde, 3 noch im Leben befindliche Kinder [1]) „erzeuget, die nunmehro samtlich das Burgerrecht allhier ohnent„geltlich zu gaudiren haben, und in allen Umständen dahin reci„pirt werden müsen, auch die Hauptmann Schiller'sche Ehefrau, „solange deren Ehmann in der Campagne sich befunden und die„selbe sich allhier auffgehalten, alle burgerliche Beneficia würklich „genossen habe."

Die herzogliche Resolution schloß sich dieser Anschauung an. Das Oberamt Marbach erhielt von Herzog Carl folgendes Decret:

„Seine Herzogliche Durchlaucht werden den Hauptmann „Schiller mit seinem Gesuch abweisen lassen, und verordnen, daß „es bey der gemachten Verfügung sein Verbleiben haben solle. „Decretum Solitude den 18. Decbr. 1766.

Carl m. propria.

[1]) Außer dem im Jahr 1759 geborenen Dichter: Christophine, geb. 1757, stäter verehlichte Reinwald, und Luise, geb. 1766, später verehlichte Frankh.

VIII.

Schreiben des Hauptmanns Johann Caspar Schiller an Oberamtmann Andler zu Marbach, d. d. Lorch 11. Novbr. 1766, gleichfalls die Besteurung betreffend.

Wohlgeborner Herr
hoch zu Ehrender Herr Oberamtmann!

Die wenige Reflexion, welche Euer Wohlgebohrn und löblicher Magistrat zu Marbach gegen die dermalige Umstände des Corps d' officiers, folglich auch gegen mich, machen, mußte mich allerdings nöthigen, ad Serenissimum zu recurriren, welches ich auch unterm 4ten hujus bereits gethan habe, und nun die Folgen erwartte. Indessen kan nicht umhin, über das von Euer Wohlgebohren und dem löblichen Magistrat zu Marbach erhaltene Schreiben meine Anmerkungen zu machen. Es bestehet dasselbe aus 3 Punkten: Nro. 1) soll die richtige Abrechnung beweisen. Dies wird sich ergeben, wenn ich bey Nro. 2) hierdurch die Frage mache: Ob dasjenige, was irgend in einer Rechnung über Schuld und Zahlung unter der Schuld (in den Steuer-Zetteln unter der Columne Soll) eingebracht worden, nicht im eigentlichsten Verstand aufgerechnet heisse?

Wenn dahero zween Steuer-Zettel, die ich vom Burgermeisteramt Marbach in Handen habe, mit dem Steuer-buch daselbst conform sind, so kan man dort sehen, daß von 176$^{3}/_{4}$ vom Monat May biß zum October, also auf 6 Monate à 8 kr. 1$^{1}/_{2}$ Hl. zusammen — 49 kr. 3 Hl. Monat Steuer zum Soll gekommen, und nach Abzug bezalten — 2 fl. 18 kr. der Rest mit 10 fl. 46 kr. 4 Hl. in folgende Rechnung übertragen worden. In dem Steuer-Zettel von 176$^{4}/_{5}$

kommen pro Majo, Junio, Julio et Augusto à 4 kr. 3½ Hl. — 18 kr. 2 Hl. und pro Septbr. 5½ Hl. also hier — 19 kr. 1½ Hl. Monat Steuer zum Soll, welches diesmal — 12 fl. 42 kr. 4½ Hl. betragen, und deductis bezalten — 2 fl. 24 kr. den Rest mit 10 fl. 18 kr. 4½ Hl. herfür gebracht, welcher dann in die leztere Abrechnung richtig übertragen ist. Was an der Schuld bezalt wird, es seyen kleinere oder größere Posten, das gehet natürlich von deren Summe hinweg, und hat Rechner sich nicht darum zu bekümmern, ob der Schuldner mit seiner abschläglichen Bezalung diesen oder jenen Theil seiner Schuld meynet, mithin können die in Nro. 2) des erhaltenen Schreibens fleißig gemeldete 6 kr., welche abschläglich an der Schuld bezalt worden, gar keinen Beweis abgeben, daß mir keine Monat-Steuern aufgerechnet worden, sondern es sind wirklich — 1 fl. 8 kr. 4½ Hl. zum Soll gekommen, und beyżdem Zalt nicht wieder, als indebite aufgerechnet, gut geschrieben worden.

So, und auf keine andere Weise habe ich rechnen gelernet, und demnach müssen von angesezten — 14 fl. 6 kr. 1¾ Hl. die widerrechtlich angesezten 1 fl. 8 kr. 4½ Hl. Monat-Steuer abgezogen werden, und wird alsdann der Rest mit 12 fl. 57 kr. 3¼ Hl. nicht einmal so viel ausmachen, als mir seit meiner Abwesenheit von Marbach, seit dem 16. Decbr. 1752, an Burger-Steuer aufgerechnet worden.

Bey dem 3. Punckt muß ich abermal fragen, ob die Commun-Ordnung auch Officiers mit begreife, von welchen Niemand fordern kan, daß sie irgendwo Burger seyn sollen? Aus eben diesem Grund ist es sehr eigenmächtig gehandelt gewesen, wenn ein löblicher Magistrat zu Marbach meiner Frau, die eben sowenig als ich unter dem Civil-Foro stehet, judicialiter eine Burgersteuer ansezen wollen, da ja dieselbe einzig von mir dependirt, und für sich keinen Heller bezalen kan.

Ob man aber ab Seiten eines löblichen Magistrats zu Marbach auf die dermalige Umstände der Officiers einigen Betracht hätte machen und folglich die von mir dereinst abzutragen verwilligte Burgersteuer bis zum Können hätte erwarten können: dies ist eine Frage, die ein Jeder, der nur die mindeste Billigkeit im Herzen heget, leicht beantworten kan.

Was Sr. Herzogliche Durchlaucht hierauf gnädigst verfügen, dies muß mir in Unterthänigkeit gefallen lassen, bezeuge aber hierdurch, daß es mir sehr leid seyn würde, wenn die von Euer Wohlgebohren vermutlich erfordernde Berichts Erstattung auf mein unterthänigstes Exhibitum so ausfallen solte, daß ich auch genöthiget wäre, die, ohne mir das geringste zu communiciren, nur so in den Tag hinein aufgerechnete Monats-Steuer an Sr. Herzogliche Durchlaucht klagbar unterthänigst zu melden, als wovon ich zur Zeit noch nichts gedacht habe.

Inzwischen, da auch die auf die neue Einrichtung eines Fonds zur Officiers-Gage gebaute Hofnung leyder! abermal fehl schläget, so kan die gnädigste Resolution Serenissimi nicht erwarten, sondern ersuche hiedurch Euer Wohlgebohren ganz ergebenst, meinen Weinbergs-Käufer, den Wagner Streber, dahin beliebig anweisen zu lassen, mir über Abzug 12 fl. 57 kr. 3¼ Hl. an 22 fl. als dem Rest des Kaufschillings noch betreffende — 9 fl. 2 kr. 2½ Hl. bey nunmehrigem expirirtem Termin Martini ohnverweilt an meinen Schwervatter Kodweisen auszuzahlen, um sie durch denselben zugeschickt erhalten zu können. Gott bewahre Euer Wohlgebohren für derley Extremitaeten, in welche sich dermalen die Officiers befinden, regiere aber vordersamst das Herz Sr. Herzoglichen Durchlaucht zu gnädigstem Mitleyden, und mache dem schon so lange anhaltenden Misere doch bäldist ein Ende!

Ich habe damit die Ehre, in wahrer Hochachtung zu seyn

Euer Wohlgebohren

Lorch
den 11. Novembris 1766.

Gehorsamer Diener
Schiller, Hauptmann.

IX.

Carl Augusts von Sachsen-Weimar und Göthe's Besuch in der Carlsakademie zu Stuttgart am 12/14. Dezember 1779. Schiller erhält 4 Preise.

(Aus der besonderen Beilage des „Staatsanzeigers für Württemberg" vom 13. December 1879, Nr. 31.)

Zu den denkwürdigsten Ehrentagen der vormaligen Carlsakademie gehören der 12. und 14. Dezember 1779, an welchen Herzog Carl August von Sachsen-Weimar und Göthe[1]) dieselbe besuchten. Die öffentlichen Prüfungen begannen am 29. November und schlossen mit dem 12. Dezember; sie fanden bei fortwährender persönlicher Anwesenheit des Herzogs Carl statt, welcher dabei eine Eröffnungs- und eine Schlußrede hielt. Dem Schlusse der Prüfungen wohnten von ausgezeichneten Fremden u. a. Herzog Carl August von Weimar, Göthe, Kammerherr von Wedel, Vicekammerpräsident von Dahlberg aus Mannheim, der Fürstl. Speiersche Geheime Rath von Thurn und der K. K. General von Seeger bei. Das Jahresfest „der 9. Stiftungsgedächtnußtag" wurde am 14. Dezember in feierlichster Weise begangen, Herzog Carl war auch bei diesem Anlasse von den ebengenannten fremden Herrn begleitet.

„Während der Preisvertheilung" — sagt Emil Palleske — „stand Carl August zur Rechten des Herzogs, Göthe zur Linken, ein Apoll voll Kraft und Schönheit, die Drei eine herrliche Gruppe von dichterischer und fürstlicher Genialität. Welch' ein Anblick für

[1]) Die bei Heinr. Wagner erwähnte „Sage", Herzog Carl habe bei diesem Anlasse Göthe zugerufen: „Wer ist Er?" worauf dieser geantwortet: „Hier ist kein Er!" klingt mehr als unwahrscheinlich.

die ehrliebenden Jünglinge! Göthe soll während der Rede des Professor Consbruch erröthet sein, vielleicht vor den Feuerblicken, welche ihn statt des Professors trafen. Wie mag Schillers Herz geschlagen haben, · wenn sein Name aufgerufen wurde, wenn er einen Preis empfing, wenn er dem Herzog dankend den Rock küßte! Der arme Eleve stand später statt seines Herzogs als Dritter in der Gruppe.

Schiller erhielt 4 Preise, einen in der praktischen Medizin, einen zweiten in der materia medica, einen dritten in der Chirurgie, einen vierten in der deutschen Sprache und Schreibart. Seine Freunde hatten gleichen Anspruch auf diese Preise. Es wurde geloost. Die Glücksgöttin, die Göthe begleitete, streifte ihn mit flüchtiger Berührung. Er blieb zweimal Sieger. Wie leicht wäre es ihm gewesen, durch eine Erklärung, einen Brief, wie sie so oft an den Verfasser des Werther gerichtet wurden, der Berühmtheit sein Dasein anzuzeigen. Diese Sucht der Zeit war Schiller fremd. Aus seinem Innern erwartete er seine Zukunft und seine Größe."

Bei der hohen Bedeutung jener Tage für die so berühmt gewordene Bildungsanstalt — auch Carl Augusts erlauchter Urenkel, der künftige Erbe des Sachsen-Weimar'schen Thrones, widmete bei seiner jüngsten Anwesenheit in der württembergischen Residenz der Erinnerung an den Besuch, mit welchem eben vor 100 Jahren sein hoher kunstliebender Ahnherr die Karlsakademie beehrt hat, pietätsvolles Interesse — dürfte es vielleicht den Lesern dieser Blätter nicht unerwünscht sein, aus dem „Befehlbuche" der hohen Carlsschule zu entnehmen, welche Anordnungen und Vorbereitungen in der Akademie für die damaligen Prüfungen und Festlichkeiten getroffen und wie Letztere selbst vollzogen worden sind. Diese Einträge lauten folgendermaßen:

28. November 1779.

Da Se. Herzogliche Durchlaucht Höchstgnädigst geruhen, die bereits durch gedruckte Tabellen schon bekant gemachte ofentliche Prüfungen Montags um 8 Uhr in Ihrer höchsten Gegenwart eröffnen zu laßen, so werden hievon samtliche H. Herrn Professores, Maitres und Lehrer aus der Absicht benachrichtiget, daß sie sich ohne Ausnahme schon vor Acht Uhr vor dem großen Examinations-

Saal in Schu und Strümpfen einfinden und dieser solennen Eröfnung anwohnen möchten.

Nach derselben werden bey den jungen Leuten, so nicht geprüft werden, die Lectionen wie gewöhnlich fortgesetzt, dahingegen diejenige Herrn Professores, welche von Lectionen frey sind, der gnädigsten Erwartung Sr. Herzoglichen Durchlaucht durch ihre fleißige Gegenwart, um die zu verlangende Preiß-Stimmen geben zu können, zu entsprechen, und dadurch Höchstdero in verflossenem Jahr einigemal deßwegen wiederholten Befehl zuvorzukommen von selbsten beeyfert seyn werden.

Intendant

Seeger.

Am 14. December werden der Herzog von samtlichen Vorgesetzten der Akademie, die Aufseher ausgenommen, welche bey denen schon vorher in der Kirche rangirten jungen Leuten zu bleiben haben, bey Höchstdero selben Ankunft in der Akademie vor dem großen Examinations-Saal empfangen. Nach dem Aussteigen gehen samtliche diese Vorgesetzte, welche Sich derohalben in den Gang gegen dem Untern Chevaliers-Schlafsaal zu stellen haben, voraus, an diesem Schlaf-Saal vorbey, die nächste Treppe hinauf in die Kirche, alwo der Hauptmann v. Held bey der Musik seyn und zum Anfang der Trompeten und Paucken das Zeichen geben wird.

Von der Kirche geht der Zug in den obern Chevaliers-Schlaf-Saal.

Von dem obern Chevaliers-Schlaf-Saal gegen dem obern Cavaliers-Schlaf-Saal die innere Treppe hinauf in den Schlaf-Saal der zweyten Abtheilung.

Von dem Schlaf-Saal der zweyten Abtheilung auf der Seite der Intendance inwendig hinunter in den obern Schlaf-Saal der Cavaliers.

Von dem obern Cavaliers-Schlaf-Saal auf der Seite der Kirche inwendig hinunter in den untern Schlaf-Saal der Cavaliers.

Von dem untern Cavaliers-Schlaf-Saal auf der Seite der Intendance durch das untere Vestibule in die untere Lehr-Sääle bis in das Zimmer nach der Natur.

Von dem Zimmer nach der Natur in den unteren Chevaliers-Schlaf-Saal.

Von dem untern Chevaliers-Schlaf-Saal die Treppe hinauf an der Kirche vorbey in den Schlaf-Saal der dritten Abtheilung.

Von dem Schlaf-Saal der dritten Abtheilung auf der Seite des Pavillon die innere Treppe hinunter in den Schlaf-Saal der Ersten Abtheilung.

Von dem Schlaf-Saal der Ersten Abtheilung auf der Seite der Kirche die innere Treppe herab in den Schlaf-Saal der Vierten Abtheilung.

Von dem Schlaf-Saal der Vierten Abtheilung durch den neuen Gang in die neue untere Rangir-Sääle.

Von den neuen untern Rangir-Säälen, in deren Ersterem gegen dem Opern-Hauß die große Cavaliers als auf dem rechten Flügel rangirt seyn und im Abmarschiren zum Eßen wie gewöhnlich die tête machen werden, marschiren eben diese samtliche Rangir-Sääle durch, die große Treppe hinauf in den Speiß-Saal zum Eßen.

Nach dem Eßen geht der Zug aus dem Speiß-Saal den mittleren Gang durch die Kranken-Zimmer an dem Montirungs- und Weißzeug-Magazin, in deren ersterem die mittlere Montirung schon des Montags Nachmittags wohl ausgepuzt aufgehängt, und in dem zweiten das weiße Zeug gut rangirt seyn solle, vorbei, die Treppe herunter in den Examinations-Saal zur Tafel des Herzogs.

Ich hoffe eine neue Empfehlung der Ordnung, Stille, Reinlichkeit in dem Anzug, Speiß-, Lehr- und Schlaf-Säälen, auch Gängen, mit einem Wort des ganzes Hauses, so wie solches in das Departement und District eines jeden eingetheilt ist, an einem so feyerlichen Tag um so mehr vor überflüssig halten zu dürfen, je öfters überzeugende Proben ein jeder von seinem Eifer, die gnädigste Absichten Sr. herzoglichen Durchlaucht nach allen Theilen zu erfüllen, zu geben sich bemühet hat.

Von Aeltern sind zur Herzoglichen Tafel gezogen worden:

General von Phull.	Frau von Gemmingen.
General v. Bouwinghausen.	Frau von Wolzogen.
Oberforstmeister Graf v. Sponeck.	Frau von Killinger.
Haußmarschall von Senfft.	Geheimer Rath von Thurn.
Oberster von Hügel.	Regierungs-Rath Schmidlin.
Oberster von Phull.	Expeditions-Rath Wächter.

Oberst-Lieutenant von Welling.	Geheimer Rath Bühler.
Obristwachtmeister von Döring.	Geheimer Rath Wieland.
Obristwachtmeister von Jett.	Minister von Mosheim.
Obristwachtmeister Graf v. Tende.	Hauptmann Gaupp.
Hauptmann Pfeifflin.	Hauptmann Kerz.
Lieutenant von Reischach.	Expeditions-Rath Pfaff.
Frau von Stockhorn.	Kaiserlicher General von Seeger.

Die Posten sind folgendergestalten angeordnet worden:

Neuer Speiß-Saal bei der Einfahrt nach dem Opernhauß	1	Posten
Vor dem untern Vestibule	1	"
In der Mitte vor dem Rondel auf beiden Seiten	2	"
Oben auf der Galerie	1	"
Unten nach der Kuch bey dem Rangir-Saal	1	"
In der Mitte vor dem Speiß-Saal	2	"
Bey der Kuchenthür nach dem Hof . . .	1	"
Zum Examinations-Saal	4	"
Zur Kirche unten	3	"
" " oben	2	"
Auf dem rechten Flügelbau bey der Intendance bis hinauf	3	"
Unten beym Mayerlin ebenso	3	"
Auf dem linken Flügelbau bei dem Hauptmann Seeger bis hinauf	3	"
Unten beym Mayerhöfer	3	"
Bey den untern Chevaliers	1	"
Bey dem Danzsaal	1	"
Bey den untern Lehr-Säälen vornen . . .	2	"
Bey der Natur unten	1	"
Zum Gewöhr	1	"
	36	Posten.

12. Dezember 1779

waren in der Akademie S. Durchlaucht der Herzog von Sachsen-Weinmar unter dem Namen Baron von Wedel und dessen Oberjägermeister Baron von Wedel und Geheimer Rath Göthe.

14. Dezember 1779

wurde der 9te Stiftungs Gedächtnuß Tag der Herzoglichen Militär Akademie mit folgenden Feyerlichkeiten begangen. Nach 11 Uhr erhoben Sich S. Herzogliche Durchlaucht, nach geendigtem Gottesdienst in Höchstdero Hofkapelle, in einem mit 8 Pferden bespannten Staatswagen, von dem neuen Schloß aus in das Gebäude der herzoglichen Militär Akademie. Voraus gienge ein Hof Fourier mit 2 Hof Laquaien, alsdann fuhren in 3 zweyspännigen Wagen, zwischen welchen jedesmal 2 Laquaien vortraten, der Cammer Herr, Cammer- und Hof-Junker von der Aufwartung nebst dem General und Flügeladjutanten du jour, und der Ober Stallmeister Baron von Schenck; auf selbige folgte ein Rittmeister mit der Helfte der dritten Escadron der herzoglichen Leib-Garde zu Pferd, hinter selbiger abermals ein Hof Fourier mit 24 Hof Laquaien und 8 Laufer, auf solche der Cammer Fourier und 2 Herzogliche Stallmeister vor dem Wagen. Neben demselben 1 Unter-Offizier mit 12 Mann von der Herzoglichen Leib-Garde zu Pferd, das herzogliche Leib Trabanten Corps mit ihren Chefs, 24 Mann vom Herzoglichen Leib Corps mit ihren Chefs, 2 Offiziers mit 6 Noble Gardes, die sämmtlichen Leib-, und ordinari Edelknaben, 2 Cammertürken, 2 Cammer Husaren und 3 Leib Heyducken, den Beschluß aber machte die andere Helfte vorgedachter dritten Escadron der Herzoglichen Leib-Garde zu Pferd mit 2 Lieutenants. Bei dem Aussteigen aus dem Wagen wurden S. Herzogliche Durchlaucht vom Herrn Intendanten, sämmtlichen Herrn Officiers, Examinatoren und Profeßoren unterthänigst empfangen, und hierauf in die AkademieKirche begleitet, wo die ganze Akademie versammelt war, um S. Herzogliche Durchlaucht zu erwarten. Der Gottesdienst wurde mit Trompeten und Pauken Schall und mit musikalischer Absingung des te Deum angefangen, die Gedächtnuß Predigt aber hielt der Hofprediger Rieger über Philipp. 4. cap. 8. v. Nach geendigtem Gottesdienst begaben Sich S. Herzogliche Durchlaucht in Begleitung des regierenden Herrn Herzogs von Sachsen Weinmar, Höchstwelche, unter dem angenommenen Namen eines Baron von Wedel, in Begleitung Dero Geheimen Rath Göthe, schon am Sonntag alhier ankamen und dem Beschluß der ofentlichen Prüfungen mit anwohnten, wie auch des Kaiserl. Königl. Generals von Seeger, des Cammer Herrn und vice-Cammer-Präsidenten von Dahlberg aus Mannheim, des fürstlich Speyerischen Geheimen Raths von Thurn, und noch vieler anderer Fremden von Distinktion, und des ganzen Hofs, durch die Schlaf- und Lehr-Saele der Herzoglichen Militär Akademie, wohin auch allen andern Fremden und Einheimischen nachzufolgen erlaubt war. In den KunstSaelen waren die PreißStücke der jungen Künstler aufgestellt. Endlich kam der Zug in den neuerbauten SpeißSaal der Akademie, wo die Akademisten vor Sr. Herzoglichen Durchlaucht und dem ganzen Hof in der gewöhnlichen Ordnung aufzogen. Die Menge der anwesenden Zuschauer war so groß, daß nicht nur der ganze geraumige Saal, sondern auch die rings herum laufende Galerie von ihnen angefüllt ware. Nach geendigtem Speisen der Zöglinge wurde die herzogliche Tafel in dem Examinations Saal zu 68 Gedecken gehalten, bei welcher auch des Herzogs von Weinmar Hochfürstl Durchlaucht zugegen waren. Nach aufgehobener Mittagstafel geruhten S. herzogliche Durchlaucht Sich samt dem Hof in den weißen Saal des neuen Schlosses zu erheben, wo sich die Akademie samt ihren Vorgesetzten und Lehrern versammelt hatte. Den Anfang der Feyerlichkeit machte der Professor Medicinae Dr. Consbruch mit einer Rede über die von Sr. herzoglichen Durchlaucht Selbst an Hand gegebene Materie von dem Einfluß der physikalischen Erziehung in die Bildung der Seelen Kräfte; hierauf aber theilten S. Herzogliche Durchlaucht 124 Preiß-Medaillen mit Höchst eigener Väterlicher Hand unter den Akademisten aus und legten sodann dem Cavaliers Sohn von Marschall dem zweyten und den Eleven Pfeiffer, Haug dem ältern und Pfaff dem Ersten das Zeichen des kleinen Akademischen Ordens, dem Chevalier von Mandelsloh aber das Zeichen des großen Akademischen Ordens an.

Außer diesen Beweisen einer wahrhaftig fürstlichen Großmuth und Väterlichen Vorsorge war es Sr. Herzoglichen Durchlaucht noch weiters gnädigst gefällig, bey Höchst dero Militär-Akademie folgende Beförderungen vorzunehmen. Höchstdieselbe geruheten nehmlich den Chevalier Hof-Junker von Breitschwerd zum Rent-Cammer-Assessor, den Chevalier Schmidlin und Chevalier Wächter zu Regierungs-Raths-Secretairs, den Chevalier Parrot zum Secretair bey der Regierung zu Mömpelgardt, den Chevalier von der

Lühe den ältern und die Cavaliers-Söhne von Reischach den jüngern, von Marschall I., von Wolzogen I. und Graf von Sponeck zu Hof-Junkers, ferner die Cavaliers-Söhne von Reizenstein zum Lieutenant bey dem Generallieutenant von Stain'schen Infanterie-Regiment, von Bock zum Lieutenant bey dem General-Major von Gablenz'schen Infanterie-Regiment, von Hobe den jüngern zum Lieutenant bey eben demselben, von Uxküll zum Lieutenant bey dem General-Major von Bouwinghaus'schen Husaren-Regiment, den Elev von Mylius zum Lieutenant bey dem herzoglichen Artillerie-Regiment, den Elev Weckerlen III. zum Lieutenant bey dem Stain'schen Infanterie-Regiment; die Eleven Petersen und Reichenbach zu Unter-Bibliothecairs, und den Elev Nast den ältern zum Secretair in Gnaden zu ernennen. Sobald diese Beförderungen bekannt gemacht worden waren, so legte der Chevalier des großen Akademischen Ordens und Hof-Junker von Mandelsloh in seinem und seiner Mit-Brüder Namen Sr. Herzoglichen Durchlaucht den feurigsten Dank für alle diese Gnaden-Erweisungen in einer Rede unterthänigst zu Füßen. Nach dieser feyerlichen Handlung wurde von der Akademischen Musik großes Concert aufgeführt. Hierauf begaben sich seine S. Herzogliche Durchlaucht wieder in die Akademie zuruck, und geruheten die Nachttafel zu gleicher Zeit mit der Akademie in dem neuen Speiß-Saal derselben zu halten, woran die anwesende Väter der Cavaliers-Söhne und Chevaliers, wie auch Vorsteher und Profeßoren gnädigst zugezogen wurden.

X.

Das Schiller'sche „Gedicht auf Wiltmeister“ vom J. 1780.

(Aus der „Allgemeinen Zeitung“ vom 29. Oktober 1883, Nr. 301.)

Nebst einigen weiteren Notizen über die Familie v. Wildmeister.

Professor Dr. Joachim Meyer richtete in den „Neuen Beiträgen zur Feststellung, Verbesserung und Vermehrung des Schillerschen Textes. Manuscript für Gönner und Freunde zum 10. November 1860“ Seite 41 ff. nachstehende Bitte an die Literaturfreunde:

„Ehe ich von den Gedichten scheide, möchte ich Freunden der Literatur, namentlich aus dem edlen Stamme der Schwaben, und darunter vor allen solchen, von denen Familienangehörige einst Mitglieder der Karlsschule waren, eine eindringliche Bitte ans Herz legen. Einzelne Gedichte Schillers, die während seines Aufenthalts in Stuttgart entstanden, und zwar Gedichte bei Todesfällen ihm nahestehender Personen, erschienen im Einzeldrucke. Von der „Elegie“ auf den Tod seines Freundes J. Chr. Weckherlin sind uns Exemplare erhalten; von anderen, wie z. B. auf den Tod Riegers, ist dieß nicht der Fall; doch hat das Taschenbuch für Damen das Gedicht selbst durch den Abdruck vor der Vergessenheit bewahrt. Aber von einem dritten Gedicht ist uns alle und jede Spur abhanden gekommen. Wir erhalten von dessen Vorhandensein einzig durch folgende Stelle aus einem Brief Schillers an seinen Vater, d. d. Jena, 4. Febr. 1790, (Boas, Nachträge, II. Bd. S. 454) Nachricht: „Schon längst wollte ich Sie bitten, Vater, die kleinen Sachen, die während meines Aufenthalts in Stuttgart von mir gedruckt worden sind, zusammensuchen zu lassen und hieher zu schicken, auch was Sie noch extra in Manuscript von mir hätten oder aufzubringen wüßten. Unter den gedruckten Sachen, wovon ich alle Carmina, die ich machte, z. B. das über Wiltmeister, über Rieger, über Weckherlin und andere mehr . . . diese Dinge interessiren mich jetzt und ich brauche sie als Belege zur Geschichte meines Geistes. Haben Sie ja die Güte und suchen Sie mir solche zu bekommen.“ Es ist hier in bestimmtester Weise von einem „Carmen auf Wiltmeister“ die Rede; aber es ist nicht gelungen, sonst irgendetwas zur Aufklärung über dieses Gedicht beizubringen. Der alte Herr auf der Solitude war in seinen Nachforschungen, um dem Wunsch seines Sohnes zu willfahren, nicht einmal so glücklich als wir es sind — die wir von dem Gedicht auf Weckherlin den Einzeldruck besitzen — es gelang ihm nicht einmal, auch nur eine der bezeichneten Poesien aufzutreiben. Er schrieb unterm 6. März 1790 (Schillers Beziehungen zu Eltern, Geschwister 2c., Stuttgart 1859. S. 78): „Was die verlangten kleinen Schriften betrifft, so habe ich mir zwar Mühe gegeben, ein oder das andere aufzutreiben, aber nur beiliegende Abhandlung bekommen können.“ Wenn Schiller durch seine Nachforschung nach diesen Gedichten, die er vielleicht in einer Geschichte der Entwicklung seines Geistes als Belege benützen wollte, sein Interesse an diesen Erzeugnissen seiner jugendlichen Muse kundgibt, so ist es noch weit mehr gerechtfertigt, daß die Literarhistoriker, speciell jene, die sich mit den Poesien Schillers beschäftigen, sich um die Auffindung jener verschollenen Gedichte bemühen. Und wenn es auch dem Vater des Dichters nicht vergönnt war, auch nur eines der gesuchten zu finden, so dürfen wir doch niemals die Hoffnung aufgeben, in den Besitz jenes „Carmens über Wiltmeister“ zu gelangen, und zu diesem Behufe erlaube ich mir die im Eingang dieses Abschnitts bezeichneten Landsleute unseres Dichters darauf aufmerksam zu machen, welch’ großer Dienst der Schiller-Literatur erwiesen würde, wenn ein solches Carmen sich nach fast 80jähriger Verborgenheit in dem Schranke eines Familienarchivs vorfände.“

Zugleich fügt Joachim Meyer in einer Anmerkung zu dem Namen Wiltmeister noch folgende Notiz bei:

„Boas in ‚Schillers Jugendjahre‘, Bd. 2, S. 241, glaubt, weil sich in den Listen der Akademie und Karlsschule, sowie in den herzoglichen Dienstbüchern aus jener Zeit kein Beamter Namens

Wiltmeister finde, es sei vielleicht der herzogliche Wildmeister Georg Friedrich Heller in Stuttgart gewesen und Schiller habe in dem Brief an seinen Vater, weil ihm der Name des Besungenen entfallen war, dessen amtlichen Charakter substituirt. Dem steht aber, abgesehen davon, daß der Ausdruck über ‚Wiltmeister', falls dieses Wort ein Gattungs- und kein Eigenname wäre, dem Sprachgebrauch zuwiderliefe, auch noch die bestimmte Thatsache entgegen, daß ich schon früher als Boas Nachforschungen über Wiltmeister angestellt und bei dieser Gelegenheit in den Acten der Karlsakademie einen leeren Bogen gefunden habe, der als Umschlag gedient hatte und die Ueberschrift führt: „Hauptmann L. von Wildmeister."

Hierauf bezüglich macht Karl Goedecke in der historisch-kritischen Ausgabe von Schillers sämmtlichen Schriften, Stuttgart, J. G. Cotta 1867, I, 380, nachstehende weitere Bemerkungen:

„Wiltmeister (S. 2, 22). Bis zum 1. November 1773 war ein v. Wiltmeister Hauptmann in der Akademie." Handschriftliche Notiz Joachim Meyers. Derselbe fand in den Acten der Karlsakademie einen leeren Bogen, der als Umschlag gedient hatte und die Ueberschrift führte: „Hauptmann L. v. Wildmeister", woraus sich ergeben soll, daß ein Beamter dieses Namens, wahrscheinlich ein militärischer Aufseher, in der Carlsakademie existirt habe. J. Meyers „Neue Beiträge" 1860, 42. 1773 existirte noch keine Akademie; erst bei der Verlegung nach Stuttgart im Dec. 1775 erhielt die Pflanzschule den Namen einer Militärakademie, und erst am 22. Dec. 1781 wurde die Hohe Carlsschule (nicht Carlsakademie) so genannt. In der Schwäbischen Chronik des „Schwäb. Merkurs" Nr. 43, Mittwoch 19. Febr. 1862, wurde für Meyer um Mittheilung „des Carmens auf Hauptmann L. v. Wildmeister" oder um „Auskunft über etwaige Verwandte oder Nachkommen des Genannten" gebeten; es scheint aber nichts der Art eingegangen zu sein; in J. Meyers Papieren fand sich nichts als die Notiz aus dem antiquarischen Kataloge der J. Windprecht'schen Handlung in Augsburg Nr. 93. v. 1. März 1861 Nr. 340): „Wiltmaister, Churpfälz. Chronik. 4. Sulzb. 1783. 672 S. 1 fl. 30 kr." — Bei der ungenauen gedankenlosen Weise, die Boas' Mittheilungen charakterisirt, steht der Name Wiltmeister, wie ihn Boas zuerst publicirte, nicht ganz sicher; jedenfalls berechtigt nichts zu der Voraussetzung, daß weil sich ein Bogen mit der Aufschrift Hauptmann L. v. Wildmeister gefunden, das von Schiller erwähnte Carmen auf diesen verfaßt war. Ohne Vergleichung der Originalhandschrift jenes Schiller'schen Briefes, die mir nicht vergönnt war, ist jede Conjectur, z. B. daß „Winter mgstr." zu lesen sei, eine völlig müßige."

Endlich berührt Karl Goedeke auf Seite XII des Vorwortes zum dritten Theile der historisch-kritischen Ausgabe (Stuttgart. J. G. Cotta 1868) die Wiltmeister'sche Frage mit folgenden Worten:

„Lieber hier, als gar nicht, will ich einige Notizen über den Wiltmeister des ersten Theiles (S. 2 und 380) nachtragen, die Professor Holland in Tübingen und W. Vollmer in Stuttgart auf meinen Wunsch aus den würtembergischen Staatskalendern („Jetzt florirendes Würtemberg") ausgezogen haben. Der Name v. Wildmeister, Wiltmaister, Wiltmeister findet sich in den Jahrgängen für 1762—1780. Im Jahre 1762 wird ein Fähndrich v. Wildmeister beim v. Romannschen Regiment genannt; in den beiden folgenden Jahrgängen und 1767 sind die Officiere des niederen Grades nicht namentlich aufgeführt, 1765 steht ein Secondelieutenant v. Wildmeister beim Herzogs Grenadier-Bataillon, 1766 beim Hauß-Grenadier-Bataillon, 1768 beim Augéischen Grenadier-Regiment, 1769 in gleicher Eigenschaft der Hr. v. Wiltmaister, ebenso im folgenden Jahre; 1771 steht bei demselben Regiment der Premier-Lieutenant Hr. v. Wildmeister, und 1772 v. Wiltmeister, 1773—1774 heißt er Premier-Lieutenant mit Hauptmannspatent, 1775—1777 als Lieutenant mit Hauptmannspatent: 1778 scheint er durch ein Versehen ausgelassen oder in andere Dienste getreten zu sein. 1779 und 1780 nennen die Staatskalender beim Augéischen Grenadier-Regiment einen Seconde-Lieutenant mit Hauptmannspatent v. Wiltmeister; 1781 kommt er nicht mehr vor, wohl aber im „Herzoglich General-Feld-Zeugmeisters v. Augéischen Grenadier-Regiment der Regiments-Medicus Herr Schiller." Wiltmeister scheint also bald nach Schillers Anstellung beim Grenadier-Regiment Augé gestorben zu sein und Schiller das Leichencarmen auf denselben gemacht zu haben. Daß er dies Carmen drucken ließ, sagt er selbst in dem Briefe an seinen Vater. Das Gedicht ist weder in Stuttgart auf der Bibliothek und dem Archiv, noch in Tübingen aufzufinden gewesen, obwohl Vollmer, Holland und Prof. A. Haakh aufs neue danach geforscht haben und von den Vorständen des Archivs und der Bibliotheken aufs zuvorkommendste dabei unterstützt worden sind. Dennoch wird das Gedicht irgendwo in Württemberg vorhanden sein, etwa in den Ueberbleibseln der Mäntlerischen Buchdruckerei, mit der Schiller damals in Verbindung stand."

Es freut den Verfasser dieser Zeilen, auf Grund neuer archivalischer Forschungen auf das bestimmteste nachweisen zu können, daß die von den HH. Holland und Vollmer aufgefundene Spur des fraglichen v. Wildmeister die richtige und die darauf gegründete Vermuthung vollständig zutreffend ist.

In dem Befehlbuche der Akademie (vom Jahre 1771—1779) befindet sich nämlich folgender Eintrag vom 2. October 1774:

„Zuwachs bei denen Vorgesetzten: Hauptmann von Held von Hall, Hauptmann von Wildmeister von Amberg, Lieutenant von Roeder von Bayreuth, Lieutenant von der Lühe auf Mulzow, Lieutenant Schweicker von Stuttgart, Lieutenant Reinhard von Blaubeuren."

Am 25. October 1774 geht dem Befehlbuche zufolge zum Regimente ab der Vorgesetzte: Hauptmann Johann Philipp Razmann, und ihm folgt schon am 1. November desselben Jahres v. Wildmeister nach. Der bezügliche Eintrag lautet:

„1774. 1. Novbr. Abgang bey denen Vorgesetzten:

Lieutenant Joseph Anton von Wildmeister, von Amberg, zum Regiment."

v. Wildmeister war also nur vom 2. October bis 1. November 1774 „in herzogliche Militaire Academie[1]) commandirt," wie die württembergischen Adreßbücher zu sagen pflegten; die obenerwähnte, von Joachim Meyer hinterlassene handschriftliche Notiz gibt somit den Monat richtig, das Jahr irrig an. Aus welchen Gründen die Berufung so bald wieder zurückgenommen wurde, ist nicht zu ermitteln. Dagegen ist durch diese kurze Thätigkeit v. Wildmeisters bei der Akademie erklärt, weßhalb — mit Ausnahme des bei den Acten über die militärischen Aufseher dieser Anstalt aufgefundenen Umschlagbogens mit der Aufschrift: „Hauptmann (Lieutenant) v. Wildmeister" — keinerlei letzteren betreffende Schriftstücke gefunden worden sind. Da Schiller schon am 17. Januar 1773 in

[1]) Karl Goedecke irrt sich, wenn er behauptet, um jene Zeit habe die Pflanzschule noch nicht den Namen Akademie geführt. Diesen führt sie vielmehr seit Beginn des Jahres 1773 officiell. Zu vergleichen auch H. Wagner, „Geschichte der hohen Carlsschule." I, 33.

die Akademie eingetreten ist, so dürfte er übrigens dort jedenfalls dessen Bekanntschaft gemacht haben; auch hat vielleicht Schillers Vater, der im Adreßhandbuche vom Jahre 1760 als Lieutenant und Adjutant bei demselben Romann'schen Regimente aufgeführt ist, bei welchem v. Wildmeister im Jahre 1762 als Fähndrich diente, diesen gekannt.

In dem Adreßkalender vom Jahre 1780 kommt der Name „v. Wildmeister" letztmals vor. Dies veranlaßte den Verfasser dieser Ausführung, in den gedruckten Kirchenregistern der Residenzstadt Stuttgart nachzusehen, ob nicht um jene Zeit ein Militär dieses Namens mit Tod abgegangen sei. Das Ergebniß war, daß in der Liste über „diejenige Herren, Burgere und Junggesellen, so in diesem Jahre 1780 zu Stuttgart gestorben sind," als letzter aufgeführt ist:

„Herr Joseph Anton Franz Havez von Wildmeister, Herzoglicher Hauptmann unter dem Augéischen Regiment, Catholisch, 42 Jahre alt, gestorben 27. December."

Am 15. December 1780 hat Schiller die Akademie verlassen, um „als Regiments Doctor bei Augé" einzutreten; er diente also mit v. Wildmeister nur noch wenige Tage zusammen bei dem genannten Regimente. Da sich beide aber von der Akademie her schon kannten und dieser Todesfall gleich beim Eintritte in den Dienst dem jungen Doctor gewiß nahe ging, so übernahm er wohl gern den Auftrag, das Leichencarmen zu machen. Ueber die Familienverhältnisse und den Tod v. Wildmeisters konnte bis jetzt weder aus den Acten der katholischen Stadtpfarrei in Stuttgart, noch aus denjenigen der katholischen Pfarreien der benachbarten Orte Hofen und Oeffingen, woselbst die in Stuttgart sich aufhaltenden Katholiken im 18. Jahrhunderte sich beerdigen zu lassen pflegten, näheres erhoben werden. Vielleicht würden Nachforschungen in Amberg in Bayern zu einem befriedigenden Ergebnisse führen.

Das Carmen selbst ist immer noch nicht aufgefunden, obwohl dasselbe gedruckt wurde, und nicht zu bezweifeln sein dürfte, daß es mindestens in die Hände der befreundeten Officiere des Regiments, bei welchem Schiller und v. Wildmeister dienten, gelangt ist. Chef des Regiments war: „Ihro Excellenz Herr General-Feldzeugmeister von Augée" (auch Augé geschrieben); Oberst und Commandeur: Baron v. Rau; Obristlieutenant: v. Scheler; Obristwachtmeister: v. Wolff; Adjutant: Lieutenant v. Heimbruch; Regiments Quartiermeister: Lieutenant Huber; Auditor: Hauptmann Bregenzer; als Hauptleute sind aufgeführt: v. Uttenhoven, Fridolin, v. Gaisberg und v. Werkamp; als Lieutenants: Stumpe, Musculus, v. Stetten, Bleibel, Weickersreutter und v. Böhnen. Sollte aus dem Nachlasse dieser sämmtlichen Herren das in Frage stehende Gedicht selbst nicht in einem Exemplare auf die Nachkommen und Erben übergegangen sein?

Auf diese Ausführung in der Allgemeinen Zeitung sind mir in der Zwischenzeit nachstehende weitere Notizen über die Familie v. Wildmeister zugekommen:

1) Durch die Güte des Herrn Stutz, K. Bayerischen Kreiskassiers der Oberpfalz in Regensburg, und des Herrn Dekans Helmberger in Amberg habe ich eine beglaubigte Urkunde über die am 16. August 1735 zu Amberg erfolgte Trauung des Johann Caspar von Wildmeister mit Therese Lang folgenden Inhalts erhalten:

Copulati sunt 16. Aug. 1735
ex licentia Domini Decani nobilis D. Joannes Casparus de
Wildtmaister,
Churfürstl. Oberpfälzischer Muntirungs-Agent hic, nobilis Joannis Caspari de Wildmaister, consulis et Preuverwalters (Brauerei-Verwalters) in Neumarkt, et Annae Barbarae, conjugis, filius leg. natus; cum
pudica Virgine
Anna Maria Theresia, domini Jacobi Crescentiani Lang, des Rathes und Apothekers hic, et Mariae Magdalenae, conjugis, filia leg.

Astitit plm. rev. D. Thomas Crescentianus Lenz, S. S. theol. Licent. Decanus et paroch. in Nabburg.

(L. S.) Paroch. cathol. Amberg.
Helmberger
Decan.

Es sind dieß ohne Zweifel die Eltern des von Schiller besungenen Hauptmanns v. Wildmeister.

Ferner ist mir

2) Durch die Gefälligkeit des Herrn Hauptmanns Heyer von Rosenfeld zu Wien folgende Auskunft geworden:

„Im Diplome der Wildmeister ist gesagt, daß Hans Wildt„maister, Kaiserlicher Forstmeister zu Preßnitz, Balthasar, Zoll„bereiter, und Melchior, Gebrüder, von Kaiser Rudolf II. sub „dato Prag 7. Juni 1592 den Reichsadelstand mit dem Prädikate „von Engelstain“ nebst einer Besserung des Stammwappens er„halten hätten. Der Vater dieser 3 Gebrüder, dessen Vorname „nicht weiter angegeben ist, war Kriegsmann in Kaiserlichen Diensten „und hatte durch den Comes Palatinus Dr. Wöler schon früher „einen bürgerlichen Wappenbrief erhalten. Stammwappen: In „Blau steht auf goldenem Dreiberge ein emporspringender natür„licher Hirsch. Der Stechhelm mit blaugoldener Decke, Wulst sammt „abfliegenden Enden, trägt das Vordertheil eines natürlich braunen „Wasserhundes mit weißlicher Brust, dann beringtem goldenem „Halsbande, eingestellt zwischen einem offenen, rechts blauen, links „goldenen, ledigen Flug.“

XI.

Ein weiterer urkundlicher Beitrag zur Chronologie von Schillers Flucht aus Stuttgart (22. September 1782).

(Aus der besonderen Beilage des „Staatsanzeigers für Württemberg“ vom 8. November 1876, Nr. 26.)

In der besonderen Beilage des Staats-Anzeigers für Württemberg vom 25. October d. J. sind in einem Aufsatze von J. K. an der Hand der „Stuttgardischen privilegirten Zeitung“ die Umstände angegeben, welche mit Sicherheit darauf schließen lassen, daß Schillers Flucht nicht, wie der Fluchtgenosse Streicher angab, am 17., sondern am 22. September 1782 stattgefunden hat. Mit dieser letzteren Annahme — dieß mag hier ergänzend beigefügt werden — stimmt schon E. Vely in dem Werke: „Herzog Karl von Württemberg und Franziska von Hohenheim“ (Stuttgart, Verlag von C. F. Simon, 1876) vollständig überein, indem die Verfasserin auf Grund umfassender archivalischer Studien auf Seite 135 der genannten Schrift wörtlich sagt: „Man hat Schillers Flucht, stets ungenauen Angaben folgend, in die Nacht des 17. Septembers verlegt, dabei jedoch immer jenes Fest auf der Solitude erwähnt. Dasselbe fand aber — das Befehlbuch ist doch die beste authentische Quelle — in der Nacht vom 22. auf den 23. September statt, mithin fällt die Flucht des Dichters auch in jene.“ Derselben Ansicht schließt sich neuestens Emil Palleske in der 9. Auflage seines Buches „Schillers Leben und Werke“ an; er erwähnt nämlich I. 290 ausdrücklich, es sei durch E. Vely nun erwiesen, daß der 22. September das richtige Datum für jenes folgenreiche Ereigniß sei. Da als Hauptquelle für diese Annahme mit Recht das officielle

Befehlbuch der Karls-Akademie, welches in dem Geh. K. Haus- und Staats-Archive zu Stuttgart im Originale verwahrt wird, genannt ist, so dürfte es wohl weitere Leserkreise interessieren, diejenigen Notizen, welche das bezeichnete Archivaldokument über jenen Besuch des Großfürsten Paul von Rußland und seiner Gemahlin im September 1782 enthält, ausführlicher kennen zu lernen. Diese Aufzeichnungen lauten folgendermaßen:

„1. Septbr.

Serenissimus Praes. wohnten nebst dem Hof dem Mittagspeisen bei. Heute wurde die bei denen Akten auf die Ankunft des Grosfürstens befindliche Herzogl. Ordre d. d. Hohenheim den 31. August sämtlichen Gliedern der Akademie, welche sich in der Stadt befinden, und allen Vorgesezten überhaubt publicirt.

16. Septbr.

Nach dem von Serenissimo ertheilten höchstgnädigen Befehl werden sämtliche Herrn Officiers der Herzog Carls Hohen Schule bei dem morgigen Empfang der Nordischen Herrschaften in dem neuen Schloß in ihren gestikten Uniformen um die bei Hof vorgeschriebene Stunde sich einfinden, und nach der Vorschrift des Hofreglements (s. Acta vom Großfürsten) sich placiren.

Die junge Leute werden mit dem Lieutenant Nieß und ihren Hofmeistern in der mittlern Uniform und bordirten Hüthen recht schön angezogen auf dem Balcon, welcher in dem Hof zum Carousel errichtet ist, dem Empfang anwohnen, und, wenn der Hof die Marmortreppe herauf kommt, die Herrschaften im Vorbeigehen sehen, und solange daselbst verbleiben, bis des Grosfürsten K. H. Sich in Ihre Zimmer retirirt haben. Hiezu kommen alle ohne Ausnahme. — Sobald solches geschehen, werden $^2/_3$ in Schauspiel geführt und $^1/_3$ bleibt in der Akademie zurück.' (Vid. Consignation in Actis vom Grosfürsten, Fêtes Thessaliennes.)

Von dem Schauspiel werden diejenige, welche von dem Herzog benannt sind, ausgeschlossen, und sollen es die junge Leute unter sich ausmachen, welche in dieses oder jenes Schauspiel gehen, indem nach dieser Eintheilung, wenn auch nur drey grose Schauspiele wären, jeder in zwei kommen kan.

Der Herzog haben gestern ausdrücklich befohlen, daß während der Anwesenheit der Herrschafften der Anzug derer Herren Officiers beständig nach dem Hof-Reglement geschehen, und nicht nur Hofmeister und Bediente, sondern hauptsächlich auch die Herren Officiers ausser dem Essen ohnausgesezt in der Akademie verbleiben sollen.

Die junge Leute ziehen des Mittags jeder Zeit die mittlere Uniformen und alle Tage weiße gute Wasch an; die beste weiße Wasch aber wird auf die Parade-Täge in der C. H. S. aufbehalten.

Die Russen griechischer Religion werden, so offt griechischer Gottesdienst ist, durch einen Officier dahin geführt. Die Reinigung aller Schlaf-, Rangir-, Speiß-, Lehr- und übrigen Säälen mit ihren Gängen, nebst den Höfen, solle so besorgt werden, daß auf den Mitwoch Mittag alles in der grösten Parade gezaigt werden könne. Gleich des morgens frühe sollen alle Gänge und Sääle wiederum rein gemacht werden, indem der Fall mehrmalen vorkommen dörffte, daß des Grosfürsten K. H. allein, schon des Morgens frühe, in die Akademie kommen könnten. Wenn vornehme Fremde in die Akademie kommen, solle ihnen mit der größten Höflichkeit begegnet werden.

Nach Hohenheim kommt außer denen zur Fête ausgesuchten niemand von der C. H. S.

Nach Ludwigsburg werden von denen jungen Leuten so wenig als möglich mitgenommen und ist kein Gedanke, daß jemand in eines andern Gesellschafft, als bei der Akademie angeschloßen, dahin gelassen werde. Herr Obrist-Wachtmeister von Wolff wird hierüber eine Liste ausfertigen, und jeden Transport, sowohl nach Ludwigsburg, Solitude, als auf die Jagd anführen.

Bei denjenigen jungen Leuten, welche in der Akademie zurückbleiben, sollen von jeder Abtheilung die verhältnißmäßige Anzahl von Officiers und Hofmeistern unter dem Hauptmann von der Inspection verbleiben. In den Speiß- und übrigen Säälen soll bei keiner Gelegenheit ein Livrée-Bedienter eingelassen werden, wovor, besonders in dem Speiß Saal, der Controleur Volckmann stehen wird. Die Bediente und Famuli sollen ebensowohl in der Akademie, als wenn sie in die Stadt geschikt werden, beständig propre angezogen und gepudert sein. Intendant.

Nach dem von Serenissimo ertheilten höchstgnädigsten Befehl werden sämtliche Herrn ProRector, Kanzler, und Professores der H. C. H. S. bei dem morgenden Empfang der Nordischen Herrschafften in dem neuen Schloß des Abends um 5 Uhr sich einfinden, bei den wirklichen Räthen der Herzogl. Collegien sich anschließen, und mit diesen bei der Cortege gleiche Ordnung beobachten.

Intendant.

17. Septbr.

Heute Abend um 8 Uhr kamen die Russischen Herrschaften hier an, und wurden von der Akademie nach obigem Befehl empfangen. Die in der Consignation Begriffene waren in der Oper Fêtes Thessaliennes.

18. Septbr.

Heute Abend waren die in der Consignation Begriffene in der Opera Caliroë.

19. Septbr.

Heute waren die in der Consignation Begriffene bei der Fête in Hohenheim.

20. Septbr.

So wie gestern giengen heute wiederum die Consignirte zur Fête nach Hohenheim.

21. Septbr.

Heute Mittags um 12 Uhr gienge ein Theil der Akademie in 27 Kutschen und Chaisen nach Ludwigsburg zur Redoute ab und kam den

22. Septbr.

Morgens 6 Uhr wiederum zurück. Abends 4 Uhr verfügte sich die ganze Akademie zu Fuß auf die Solitude, um die Illumination zu sehen, postirte sich am Fuße des Berges, bis des Herrn Grosfürsten K. H. vorbei waren, und folgten sodann den Berg hinauf in den Lorbeer-Saal zur Tafel, und nach solcher nach Stuttgart zurück.

23. Septbr.

Wegen schlechter Witterung gienge heute die Jagd nicht vor sich. Abends war Comödie, wobei sich niemand von der Akademie befand.

24. Septbr.

Heute ware die Jagd, wobei die ganze Akademie auf dem besonders errichteten Amphitheater zusehen durffte.

25. Septbr.

Opera: Didone abandonata. (vid. Consignation.)

26. Septbr.

Concert. Die ganze Akademie ware zugegen.

Die Rußisch-Kaiserlichen Hoheiten kamen den 21. Mittags das erstemal in die Akademie. Serenissimus hatten sich bereits durch die hintere Treppe aus dem Schloß in das Akademie-Gebäude verfügt, um an der Spize aller Vorstehern der Carls hohen Schule die Herrschafften zu empfangen. Bei dem Eintritt präsentirten Höchstdieselbe die Officiers und Lehrer überhaubt. Des Herrn Grosfürsten K. H. erwiderten hierauf: Ce sont donc là ces Messieurs qui se donnent tant de peine pour l'éducation de nos compatriotes. Messieurs, la Russie Vous sera bien redevable des bons sujets que Vous lui enverrez!

Die Frau Grosfürstin K. H. bezeugten ohngefähr das nehmliche. — Hierauf giengen der Canzler und Pro Rector voraus, auf welche unmittelbar vor Serenissimo der Intendant Oberst von Seeger folgte. Der Zug gieng so durch die untern Lehrsääle, durch die mittlern, und dann die Treppe bei der Bibliothek herab in den untern Cavaliers-Saal, durch den untern Chevalier-, Concert- und 4ter Abtheilungs-Schlaf-Saal, zum Rangieren hierauf in den Speiß-Saal. Da die Akademie ohngefähr halben abgespeist hatten, so giengen die Herrschafften durch die Kranken-Zimmer — den Hörsaal — den Chevalier- und mittlern Cavaliers-Schlaf-Saal zurück. Alles ware in der grösten Parade.

Den 25. Septbr. geruheten die beede Russische Kaiserlichen Hoheiten sich abermalen in die C. H. S. zu begeben. Sie wurden von sämtlichen Lehrern empfangen, und hörten einige Vorlesungen an."

Dieß sind die verhältnißmäßig sehr ausführlichen Aufzeichnungen des Befehlbuchs der Carls-Akademie vom Monate Septbr. 1782. Um so karger ist Letzteres mit seinen Notizen vom darauf folgenden Monate. Dieselben lauten also:

„Octbr. 4.

An dem heutigen Namensfest der Frau Gräfin von Hohenheim Excellenz wurde Nachmittags um 4 Uhr Schauspiel zum Besten der abgebrannten Göppinger gegeben. Auch die Carls Hohe

Schule hatte die gnädigste Erlaubniß, der Comödie gegen freiwillige Bezahlung beizuwohnen. Der Erlös ware 604 fl. 14 kr.

Nach der Comödie war in dem Concert-Saal öffentliches Concert und große Illumination in dem Hofe an denen Schranken. Die Akademie hatte die mittleren Uniformen, Schuh und Strümpfe, die Officiers hatten aber die gestickte Uniformen an. — Wegen der in der Hohen Schule grassirenden Rothensucht kamen Seine Herzogliche Durchlaucht die ganze übrige Zeit des Octobers nicht mehr hinein."

XII.

Bericht des General-Majors und Generalquartiermeisters von Nicolai in Ludwigsburg über Schillers Ankunft daselbst, d. d. 14. Septbr. 1793.

Im August 1793 brach Schiller in einem für die ganze Reise gemietheten Wagen in Jena auf und eilte mit seiner Gattin Württemberg zu. Der Weg ging über Heidelberg, sodann machte der Dichter zuerst in der damaligen Reichsstadt Heilbronn Rast, woselbst er im Gasthof zur Sonne abstieg, und mehrere Tage angegriffen und leidend meistens im Bette zubrachte. Von Heilbronn aus schrieb er dem Herzoge Carl von Württemberg „im Sinne des dankbaren ehemaligen Zöglings, den widrige Verhältnisse aus seinem Vaterlande entfernt haben". Der Herzog, ein schwerkranker Greis, schon von den Schatten des Todes, der ihn am 24. October dahinraffte, umgeben, antwortete nicht, soll aber öffentlich geäußert haben, „Schiller werde nach Stuttgart kommen und von ihm ignorirt werden". Der Dichter schrieb damals an Körner: „Der Herzog, scheint es, will mich ignoriren, und das ist mir gerade recht." In der zweiten Woche des Monats September kam Schiller in der Heimath seiner Jugend, in Ludwigsburg, an.

Der vorliegende Bericht des Generalmajors v. Nicolai in Ludwigsburg an den Herzog ist vom 14. September 1793. Hierauf erfolgte die herzogliche Resolution „der Gemeine Link mit einem Laufpaß nach Haus zu lassen, wegen der übrigen Puncte werde dem General Serenissimi Entschließung zugehen." Ein späteres Rescript ordnet die scharfe Beobachtung der einem alten Braunschweigischen Adelsgeschlechte angehörigen Familie v. Esebeck an, welche durch Decret des Regierungsnachfolgers Herzogs Ludwig Eugen von Württemberg vom 31. October 1793 „wegen ihrer Anhänglichkeit an den ehemaligen Jacobiner Clubb zu Mainz" aus den herzoglichen Landen ausgewiesen wurde. Von Schiller ist in keinem Rescripte die Rede; die dießfällige Anzeige des

Generals blieb ohne jede Erwiederung. Schiller wurde entschieden officiell ignorirt.

An demselben Tage, an welchem v. Nicolai diesen Bericht an den Herzog erstattete, am 14. September, wurde dem Dichter das süße Glück der ersten Vaterfreude zu Theil. Seine Frau genaß nach schweren Stunden, wobei v. Hoven sich als treuer Freund bewährte, eines Sohnes, der den Namen Carl erhielt. Die Ludwigsburger Kirchenregister enthalten über Geburt und Taufe folgenden Eintrag:

September:
Geburt: 14. u. Taufe: 23.
Zu Hauß getauft.
Carl Friedrich Ludwig.

Vater: Herr Doctor Johann Christoph Friedrich Schiller, Professor in Jena, Herzoglich Weimarischer und Herzoglich Meiningischer Hofrath.
Mutter: Frau Charlotte Antoinette, geborene von Lengenfeld.
Taufzeugen:
Ihro Durchlaucht, die regierende Herzogin von Weimar.
Seine Erzbischöfliche Gnaden, Herr Coadjutor von Maynz, Carl Freiherr von Dalberg.
Frau Hofmeisterin von Lengenfeld, geb. von Wurmb aus Rudolstadt, Großmutter.
Herr Hauptmann Schiller nebst dessen Eheliebste, Großeltern.
Herr Hauptmann von Hoven.
Herr Hofmedicus von Hoven.

Am 15. September schrieb der glückliche Dichter an Körner: „Wünsche mir Glück, lieber Körner, — ein kleiner Sohn ist da; „die Mutter ist wohlauf, der Junge groß und stark, und alles ist „glücklich abgelaufen. Nicht sechs Tage waren wir hier (in Ludwigsburg) angelangt, so ging es los.“ —

Der obenerwähnte Bericht des Generals v. Nicolai lautet folgendermaßen:

Durchlauchtigster Herzog
Gnädigster Herzog und Herr!

Generalmajor und Generalquartiermeister v. Nicolai
erstattet unterthänigsten
Garnisonsrapport.

Euer Herzoglichen Durchlaucht habe unterthänigst zu melden, daß seit leztunterthänigst eingegebenem rapport der Herzog von Zweybrücken in der Nachmitternacht verwichenen Montag zum

Dienstag wieder hier durchpassirt, der Prinz Friedrich Wilhelm dem Vernehmen nach zu Dero Frau Mutter abgegangen und seit einigen Tagen der Professor Schiller und auch eine Frau von Esebeck, welche sich einige Tage bey dem hiesigen Handelsmann Mader einquartirt, sich hier eingefunden haben.

Der unter der hier dato dienstleistenden Mannschaft stehende Gemeine Link ist incurabler Umstände wegen zu aller Dienstleistung unfähig und macht dagegen, weil er beständig krank liegt, Kosten. Er bittet daher unterthänigst um gnädigste Entlassung.

etc. etc. etc.

In tiefster Ehrfurcht
erstebend
unterthänigst treugehorsamster
von Nicolai, General-
Major, Generalquartiermeister,
Chevalier de St. Charles.

Ludwigsburg den 14. Septbr. 1793.

XIII.

Schillers Pathe: Johann Friedrich Schiller, studiosus Philosophiae, seine Schreiben an Herzog Carl von Württemberg und seine Projecte.

Ueber diese Persönlichkeit, die etwas ausführlicher behandelt werden soll, erzählt Eduard Boas, der frühverstorbene Biograph des Dichters, in seinem verdienstvollen Werke „Schillers Jugendjahre“ Folgendes: Unter den Taufpathen Schillers steht oben an der Oberst und Commandant des Regiments, bei welchem der Vater diente, Christoph Friedrich von der Gabelenz, wirklicher Kammerherr, auch Chevalier de l'ordre militaire de St. Charles. Nach ihm bekam der Täufling die Vornamen Christoph Friedrich. Sein zweiter Pathe, nach dem er Johann genannt wurde, war der studiosus Philosophiae Johann Friedrich Schiller, der in den Biographieen unseres Dichters manche Verwirrung anrichtete. Balthasar Haug gab ihn für dessen Bruder aus, Schwab widerlegte den Irrthum zwar, stempelte ihn aber zum Oheim und Lehrer des kleinen Fritz.

Johann Friedrich Schiller wurde zu Marbach am 15. Juli 1731 geboren. Sein Vater und des Dichters Großvater waren Vettern. Er studirte Philosophie, aber wohl ziemlich regel- und zwecklos, da wir ihn, im Alter von 28 Jahren, noch immer als Studenten finden. Durch vornehme Bekanntschaften wurden ihm geheime Sendungen anvertraut, und er bewegte sich zwischen dem Abenteurer und dem Diplomaten mitten inne. Seine Thätigkeit ergibt sich aus nachstehendem Briefe, der die Adresse: à Monsieur Monsieur Weiblen, Candidat en Theologie, à present à Halle en Saxe“ führt, und aus dem hervorgeht, daß der Herr Studiosus bei Schillers Taufe nicht zugegen war:

Stuttgart, den 2. März 1760.

Mein lieber Herr Weiblen, wenn ich Ihnen sage, daß ich seit dem September in Holland geweßen, daß ich in Affairen an den Herzog nach Heßen, von diesem nach Stuttgart, von Stuttgart wieder nach Heßen, und vom Herzog zum zweiten Male nach Stuttgart geschickt worden, so sage ich Ihnen viel, aber doch den wenigsten Theil meiner Geschäfte. Ich habe in meinen Unternehmungen reussirt. Das ist Alles, was ich Ihnen sagen kann. Ich genieße vorzüglich Zutritt und Gnade; ich weiß noch nicht, ob ich wieder auf Reißen gehen werde, oder hier bleiben muß. Heute oder Morgen werde ich es erfahren. Wie viel habe ich Ihnen zu sagen, und wie sehr werden Sie erstaunen.

Wollen Sie zu mir kommen, so sende ich Ihnen hierbei 20 Rchsth. zur Erleichterung Ihrer Reißekosten. Aber Sie müßen ohnverzüglich nach Empfang dieses abreißen. Gehe ich wieder auf Reißen, so werde ich Sie mitnehmen. Sie sollen mir als Vorleßer und Secretair dienen. Es verstehet sich, daß ich die Briefe an den Herzog, an die Ministers und an Standespersonen selbst schreiben, und solche nur durch Sie werde copiren laßen; die übrige Briefe werde ich Ihnen dictiren. Sobald ich wieder nach Hause kommen werde, sollen Sie versorgt seyn, Sie mögen geistlich oder weltlich bleiben wollen. Das aber sage ich Ihnen zum Vorauß, was ich von Ihnen verlange, muß ohne Widerrede, Untersuchung oder Verzögerung geschehen. Alles, was ich unterneme, wenn es gleich bisweilen allzukühn scheint, hat seinen Grund, muß honnet seyn, und ich weiß, wie weit ich gehen kann und darf. Die Verantwortung überlaßen Sie mir. Bisher habe ich keine Ursachen gehabt, mich um Cabalen zu bekümmern. Ich bin mit meiner dermaligen Lage vollkommen zufrieden, und ich werde mich darin zu behaupten wißen.

Geben Sie Herrn Gebauern innliegendes Billet, und entschuldigen Sie mich, daß ich nicht mehr habe schreiben können.

Ich empfehle Ihnen nochmals, wann Sie bei mir seyn wollen, unverzüglich abzureißen. Sie werden in Nürnberg weiter Adresse finden, wenn ich allzuplötzlich wieder fortgeschickt würde. Und sollte Ihnen woran mangeln, so werde ich davor sorgen.

Ich versichere Ihnen, daß Sie Ihr Schicksal keinen beßern Händen als den meinigen anvertrauen können. Verschwiegen müßen Sie seyn können, wenn Sie sich der Ahndung des Herzogs, unsers liebsten Carls, und meiner Rache nicht aussetzen wollen. Es haben es angesehene Personen empfunden, daß man mich lieber zum Freund als zum Feinde haben muß.

Bringen Sie mir von Herrn oder Madame Gebauer Briefe mit, so wird es mir, je länger sie sind, desto angenehmer seyn. Nur halten Sie sich nicht lange auf, indem ich geschwind reiße, und es verdrießlich seyn würde, Sie nachkommen zu laßen.

Melden Sie bei Gelegenheit Herrn Profeßor Meier meine gehorsamste Empfehlung.

Entschließen Sie sich kurz und gut; und zaudern Sie nicht. Ich umarme Sie und verbleibe, wie Sie mich kennen.

Johann Friedrich Schiller.

Mögen auch die Farben in diesem Schreiben etwas stark aufgetragen sein, so geht doch daraus hervor, daß der Verfasser wirklich für geheime Angelegenheiten reiste. Ich glaube nicht zu irren, wenn ich seine Mission auf den Ankauf von Subsidientruppen in Hessen und Württemberg beziehe, welche für den Dienst in Hollands indischen Besitzungen verwendet werden sollten. Schiller vermittelte diesen zarten Gegenstand, machte deshalb allerlei Kreuz- und Querzüge durch Europa, beschäftigte sich nebenbei mit literarischen Arbeiten und übersetzte 1774 Hawkesworth's Geschichte der Seereisen des Commodore Byron. Auch die großbritannische Regierung wollte sich der deutschen Waffen bedienen, um das freiheitstrunkene Amerika wieder zu fesseln, dies führte den Studiosus Schiller nach England, wo er seine Uebertragung von Robertson's Geschichte Amerikas (Leipzig 1777. 2 Bde.) der Königin Charlotte dedicirte. Die Widmung ist „London, den 10. Juli 1777" unterzeichnet, und darin heißt es: er wünsche ein Andenken seiner innigsten Ergebenheit für die Königin zu hinterlassen, „die Georgs Sorgen für das Wohl seiner Zeitgenossen, durch die Bildung seiner würdigen Familie zu Menschenfreunden, versüßt, und auf dem Throne kein höheres Vorrecht oder Vergnügen fühlt, als den Menschen wohl zu thun."

Im Jahre 1784 besaß Schiller eine Buchdruckerei in der ehemaligen Karthause zu Mainz, wogegen die Nachricht, er sei bei der Handlung Schwan und Götz, ins Reich der Erfindungen gehört. Er übersetzte eine Anthologie von Fabeln und Erzählungen aus dem Englischen, welche er, mit danebenstehendem Originaltext, in der Karthause (1786—1787) drucken ließ; auch eine Haushaltungskunst des menschlichen Lebens hat er aus England nach Deutschland herüber gebracht.

Dieß die Schilderung des Pathen Schillers in dem obenerwähnten Werke von Boas. Wenn sodann Palleske sagt: „In ihm — Johann Friedrich Schiller — begrüßte, wenn auch in etwas abenteuerlicher Gestalt der literarische Geist des Jahrhunderts den Täufling", so möge der geneigte Leser dieser Zeilen an der Hand der hier unten folgenden eigenhändigen schriftlichen Ergüsse des Schiller'schen Vetters selbst ermessen, ob unserem Dichter zu dieser Begrüßung besonders Glück zu wünschen war.

Aus neuerdings aufgefundenen Schuldklageakten von den Jahren 1773—1786 geht hervor, daß Johann Friedrich Schiller einer Familie Damson in Plüdernhausen eine größere Summe Gelds schuldete und daß derselbe zur Tilgung dieser Schuld im Jahre 1762 eine „Assignation" auf den Hof- und Canzleibuchdrucker Cotta im Betrage von 300 fl. ausstellte. Im Jahre 1769 bezeugt C. F. Cotta, daß er bis zum 12. April dieses Jahres an obenerwähnten 300 fl. nicht mehr als 150 fl. bezahlt habe, indem er anfügt: „Sollte „Herr Schiller mehrers Manuscript senden, so bin ich erbietig, „Herrn Thamson ein mehreres nach dem Verlangen des Herrn

„Schillers zu bezahlen.“ Es entspann sich in dieser Schuldsache eine längere Korrespondenz mit dem damals in London befindlichen, „Juris Licentiatus“ betitelten, Joh. Friedrich Schiller, wobei einmal von Seite der Post die Auskunft ertheilt wurde, „ein Brief könne in 3—4 Wochen, wann der Wind gut seye, nach „London lauffen und a die praesentationis in 13—14 Tagen „wieder eine Antwort darauf erfolgen; bei der Schwere des Briefs „könne derselbe bis London wohl 5 fl. kosten.“ Aus dem Briefwechsel geht unter Anderem hervor, daß der Vetter Schiller seinen Verwandten in der Heimat einst von England aus zwei ungebundene Exemplare „der Entdeckungsreisen“ zugesandt hat, wovon er „eines für Herrn Hauptmann Schiller“ bestimmte. — Nicht eben schmeichelhaft lautet folgender, am 30. Juni 1786 über den damals 55jährigen studiosus Schiller an das Stadtgericht Marbach erstatteter Bericht des Amtmanns zu Steinheim a. d. Murr J. L. Neuffer:

„Hochlöblichem Stadtgericht wollte hiemit gehorsamst berichten, „daß Herr Studiosus Schiller, von hier gebürtig, welcher sich „22 Jahre in London auffgehalten, schon anno 1783 um Pfingsten „in's Land gekommen, und seinen Aufenthalt mit einem mit„gebrachten Frauenzimmer, die er seine Magd genennet, theils in „Groß- und Klein Bottwar, theils allhier bey seinem Schwager, „Melchior Boßhardt deß Raths und Färber, über 1/2 Jahr gehabt „und endlich mit diesem seinen Schwager, welcher seit seiner Eltern „Tod seine Güter bestandsweise genossen, sub dato 8. Novbr. „1783 auff seine samtliche Güther den Contract pro 2000 fl. „abgeschlossen, der ihm auch in Zeit 14 Tagen den ganzen Kauff„schilling baar anschaffen und vorschießen müssen, womit er dann, „nachdem er sich seines Burgerrechts allhier formlich und schrift„lich verziehen, außer Lands mit Sack und Pack abgeraist, ohne „den Orth seines künftigen Aufenthalts seinen Freunden zu ent„decken, welchen er vermuthlich bei seiner Abrayße noch selbsten „nicht wußte. Bei seiner elterlichen Abtheilung waren Herr „Staabshauptmann Schiller auf der Solitude und der ver„storbene Burger und Mezger, Friderich Caspar Trautwein, seine „Sachwalter, in der Damson'schen Proceßsache aber von Plieder„hausen ware sein Herrn Schiller's leiblichen Mutter Bruder, „Herr Johannes Ladner, ältister Richter und Chirurgus allhier, „bevollmächtigter Mandatarius ꝛc. Nach eingezogener Kundschaft „von seinem Schwager Boßhardt und Vetter, Herrn Ladner, ist deß „Herrn Schillers dermaliger Auffenthalt zu Maintz, woselbst er „sich auf einer Buchdruckerey établirt, von wo auß derselbe vor „3—4 Monathen an Herrn Ladner geschrieben, und ihme ein Buch „zum Praesent übermacht.“

Im K. Staats-Archive liegt bei den Akten des Geheimenrathes unter verschiedenen anderen „Gutachten und Entwürfen aus den Jahren 1760—1781“ ein kleiner Aktenbund, von Herzog

Carl eigenhändig überschrieben: „Schiller's Projecte". Sämmtliche Schriftstücke sind von dem Studiosus Schiller selbst geschrieben, Ort und Zeit der Abfassung sind bezeichnender Weise keinem derselben beigefügt, so daß deren chronologische Reihenfolge nicht mit Sicherheit zu erkennen ist. Es sind theils Schreiben an den Herzog, theils Projecte über die verschiedensten Gegenstände, einzelne in deutscher, andere in französischer Sprache abgefaßt, welch' Letzterer er mit Leichtigkeit, wenn auch nicht durchaus correct, sich bedient zu haben scheint. Es würde zu weit führen, sämmtliche von ihm höchsten Orts eingereichten Pläne und Entwürfe hier zu veröffentlichen; es würde den Leser ermüden, nähere Kenntniß zu nehmen von „dem Beweise, daß es Mittel gebe, die jährliche Einkünfte „des Herzogtums Wirttemberg innerhalb fünf Jahren mit 8 biß „10 Millionen Gulden zu vermehren; ein Heer regulärer Troupen „von 36—40,000 Mann ohne die geringste Kosten zu unterhalten, „nebst verschiedenen anderen interessanten Betrachtungen", von dem „Entwurfe einer neuen und beßeren Einrichtung in Ansehung der „Studien und der Besetzung der vornemsten Bedienungen dieses „Staats", von der Belehrung darüber „woher die nötigen Gelder „zu allen diesen Unternemungen ohne Nachtheil des Staats und „ohne neue Auflagen können genommen werden", von den „Reglements der Waisenanstalten", von der Beantwortung der Frage, „woher „300 000 Morgen Felder zu economischen Etablissements „ohne den geringsten Nachtheil des Publici und der Particuliers „können genommen werden" u. s. w. Aus seinen „Gedanken über „die Vermehrung der Macht" möge hier nur folgende charakteristische Stelle hervorgehoben werden:

„Eine starke Vermehrung der Macht erfordert auch eine pro„portionirte Vermehrung des Artillerie Corps. Solte man das „Metal aus andern Staaten kommen, oder die Artillerie aus„wärts gießen lassen, so würde solches zu weitläuftig und zu kost„bar fallen, und hierdurch vieles Geld aus dem Lande gezogen „werden. Es giebt in den Städten und auf dem Lande eine „starke Anzal unnützlicher und entbehrlicher Glocken. Wird mich „denn die Geistlichkeit in den Bann thun, wenn ich mich erkühne, „die Frage aufzuwerfen, was der Erbauung der Christen dardurch „entgehen würde, wenn man alle diese entbehrliche Glocken ab„nemen, und einen Train von einem Halbtausend Piecen daraus „gießen ließe, um die Zeughäuser und die Festungen damit zu „verstärken?"

Alle diese Pläne und Entwürfe zeugen von unbegrenzter Selbstüberhebung, von zügelloser Phantasie und von auffallender Unklarheit des Kopfes; ein ungemeiner Wortschwall ohne jede Grundlage positiver Kenntnisse. Auch Herzog Carl würdigte die fraglichen Elaborate keiner eingehenden Aufmerksamkeit und wenn er in einer Audienz dem Studiosus Schiller zusicherte, „auf dessen System Reflexionen machen zu wollen, sobald die Zeiten wieder ruhiger geworden“ so ist dieß ein Canzleitrost gewesen und geblieben. Doch lassen wir den Vetter und Pathen Schiller's nunmehr selbst reden; einige wenige seiner Schreiben und Projecte werden genügen, um ein untrügliches Bild von ihm zu geben.

Vier Schreiben des studiosus Philosophiae J. F. Schiller an Herzog Carl von Württemberg, sine dato.

I.

Durchlauchtigster Herzog,
Gnädigster Herzog und Herr.

Hat man sich jemals genötiget gesehen, Ewr Herzoglichen Durchlaucht mit einer Bitte beschwerlich zu fallen, und hat man sich jemals auf 'Höchst Dero Gnade verlaßen, so bin ich es diesesmal.

Ich weis nicht, was für ein glücklich oder unglückliches Verhängnis pflanzte mir in den ersten Jahren meines Lebens einen unüberwindlichen Trieb zu den Studien ein. Von denen Stipendien wurde ich sans façon ausgeschloßen, und meine Eltern hatten kein Vermögen mich studiren zu laßen. Nach tausend verdrüslichen Umständen kam ich nach Halle, wo ich meinen Unterhalt verdienete. Alda schien sich mein Schicksal aufzuheitern; alda schien mir die Ruhe für den Ueberrest meines Lebens bestimmt zu seyn. Die Sehnsucht, in mein Vatterland zurück zu kehren, um meinem Souverain meine gemachte Entwürfe mitzutheilen, stürzte mich in alle meine unglückliche Umstände zurück. Die Reißekosten, dasjenige, was ich auf Bücher und auf andere Notwendigkeiten verwenden mußte, erschöpften meine Familie gänzlich; ich kan in Tübingen nicht mehr lange subsistiren. Nunmehr muß ich wählen. Das Schicksal meines Lebens und meiner weitläuftigten Familie, wovon ich die einige Stütze seyn solte, hänget von diesen entscheidenden Augenblicken ab, worin ich den Entschluß Ewr Herzoglichen Durchlaucht erhalten werde.

Ich wage es also, Ewr Herzoglichen Durchlaucht unterthänigst um irgend einen Carakter und Charge zu bitten. Ich könnte sagen, daß ich mir eben so viel Mühe gegeben, HöchstDenselben zu dienen, als Hundert andere, die beides genießen; ich könnte sagen, daß ich vielleicht eben so viele Fähigkeit besitze als sie: allein, Monseigneur, ich wil meine Glückseligkeit nicht meinen Verdiensten, sondern blos der hohen Gnade Ewr Herzoglichen Durchlaucht zu verdanken haben.

Diese Gnade, die eines der kennbarsten Merkmale in Dero edlen und grosmütigen Caracter ausmacht, ist es also, welche ich anruffe, der ich mich empfehle, und auf die ich meine Zuversicht setze. Ihr überlaße ich es, über meinen Rang, über meinen Gehalt und über meine Beschäftigung zu disponiren.

Ich werde mich auf das äußerste bestreben zu zeigen, daß ich derselben nicht ganz unwürdig bin, und daß niemand es mir an Eifer zuvorthun könne, der Welt die reineste, tiefste und zärtlichste Ehrfurcht zu erkennen zu geben, womit ich zeitlebens geweßen bin und seyn werde

Ewr Herzoglichen Durchlaucht
Meines gnädigsten Herzogs und Herrn

unterthänigst gehorsamster
Diener und Unterthan,
Johann Friederich Schiller.

II.

Monseigneur,

Als ich vor 14 Tagen die Gnade hatte, Ewr Herzoglichen Durchlaucht wegen meines Systems meine unterthänigste Aufwartung zu machen, geruheten Höchst dieselbe, mich zu versichern, daß „Sie Reflexionen darauf machen würden, sobald die Zeiten würden ruhiger geworden seyn“.

Diese letztere Worte, Monseigneur, lehrten mich, daß ich mich nicht zur Genüge gegen Ewr Herzogliche Durchlaucht erkläret hatte. Ich habe die damalige unruhige Zeiten beständig für die schönste Gelegenheit angesehen, mein System sicher, leicht, und bald auszuführen, und diesem Staat diejenige Größe zu verschaffen, die zu deßen Absichten nötig ist.

Dieses wird aus zwo kurzen Anmerkungen erhellen:

1) Gesetzt, man verwirft diese Vorschläge, man vermehret die Macht dieses Landes bis auf 18000—20000 Mann, man beschäftige diese Leuthe mit nichts als täglich einige Stunden mit

exerciren; man erhebe die dazu nötige beträchtliche Summen aus irgend einer neuen Auflage: was wird der Nutzen von allen diesen erstaunlichen Bemühungen seyn?

Nähern sich feindliche Armeen diesem Staate; wird man mit neuangeworbenen Leuthen, die nichts als Nachtheil beym Soldatenstande wißen, die gezwungen sind, die entweder von Etablissements hinweggenommen worden, oder deren Hofnung, welche zu erhalten, wenigstens dadurch vereitelt ist, unter deren größtem Theile, sowol als unter den meisten Bürgern dieses Landes sehr fanatische und ärgerliche Vorurtheile herschen, die ihre Gemüter und innerliche Wünsche auf die feindliche Seite neigen, Vorurtheile, die desto gefärlicher in entscheidenden Augenblicken sind, da man sie bisher theils nicht gekant, theils verachtet, oder überhaupt sich keine sonderliche Mühe gegeben hat, sie auszurotten, werden diese Leuthe stärkeren, zum Kriege gewohnteren Trouppen wohl allen den Wiederstand thun, den man etwan von ihnen vermuten könte? werden sie hinreichend seyn, alle Theile dieses Staates für allem feindlichen Einfalle zu decken? Wenn wir nicht angegriffen werden, so haben wir es denen oesterreichischen und französischen Arméen und ihrem Glücke zu danken, wegen welches kein starkes feindliches Corps bisher zu uns hat durchdringen können. Aber dieses Glücke ist abwechselnd, und kein Staat kan sich auf fremden Schutz zuverläßig verlaßen.

Wie unendlich viel hängt von einer einzigen Person ab! und wie glückselig sind wir, daß wir einen durchdringenden und großen Geist in diesen Umständen zum Beherscher haben! in diesem critischen Zeitpunkte, darin der Periode der Größe dieses Staates und seiner künftigen Beherscher sol entschieden werden!

Und wie mühselig würde es um uns aussehen, wenn wir statt Ewr Herzoglichen Durchlaucht einen kleinen und mittelmäßigen Prinzen zum Regenten hätten? Der Geschichtschreiber, der sich dereinst die Mühe geben würde, seine Regierung zu schildern, würde sagen: „Zu seiner Zeit entzündete sich der heftige Krieg, wordurch Teutschland überschwemmet und verheeret wurde; das Herzogtum Wirttemberg mußte einen harten Stoß davon leiden; der Herzog warb Kriegsvölker an, und nam einige Maasregeln zur Sicherheit seiner Lande. Als es aber zur Sache selbst kam, merkte und fühlte Er, daß diese nicht hinreichend waren. Er eilte auf die Annäherung der Feinde mit seinem Corps zum Lande hinaus, und bewies die Stärke seines Geistes und seiner Autorität damit, daß er aus dem Orte seiner Zuflucht seinen Unterthanen den höchsten, gnädigsten und ernstlichsten Befehl zuschickte, alles zu geben, was der Feind verlangen würde. Von seinen Trouppen gieng ein Drittheil nach Hauße, um seine Felder zu pflügen, die Contributionen dem Feinde zuzuführen und im Fal der Noth gewärtig zu seyn, von demselben enrollirt und untergesteckt zu werden; ein Drittheil desertirte gleich Anfangs zu den Feinden und die übrige vereinigten sich mit den österreichischen und französischen Armeen; die Helfte seiner Regierung war durch den Schaden merkwürdig, den seine Länder leiden mußten, und der Ueberrest derselben konte deswegen nicht berühmt werden, weil solche an Geld und Völkern erschöpft waren, und man ihnen 25 Jahre Zeit laßen mußte, um sich wieder in etwas zu erholen."

Die Absichten Ewr Herzoglichen Durchlaucht sind hierzu viel zu edel, zu erhaben, zu heldenmüthig, und die Nachwelt wird sie mit glänzenden Farben schildern. Nimmermehr werden Dieselbe zugeben, daß Dero Staaten und Dero Völker durch ein solches Verhalten den willkürlichen Unternemungen der Feinde blosgestelt werden, da Höchst Dieselbe alle Mittel in den Händen haben, sie aufs nachdrücklichste zu schützen. Dieser Staat kan überhaupt wenigstens 30 000 Mann fourniren, und es müßte ein Unglück seyn, wenn Ewr Herzogliche Durchlaucht nicht 10 000 Schweitzer solten in Dero Sold bekommen können; als Directeur des schwäbischen Craißes sind Höchst Dieselbe berechtigt, zu deßen Sicherheit Trouppen darin anwerben zu laßen. Kan man wohl eine schönere Gelegenheit haben, die Macht Ewer Herzoglichen Durchlaucht bis auf 40 000 bis 50 000 Mann zu vermehren?

Und zu allem diesem sind keine neue Auflagen nötig, wenn mein System angenommen und ausgefüret wird; und diese Trouppen werden auch nichts zu unterhalten kosten, weil sie mit ihrer NebenArbeit ihr reichliches Auskommen verdienen. Sie werden im Fal eines Angrifs unüberwindlich seyn, weil sie zalreich, und ihre Vortheile und Schicksale mit dem Wohl des Staats aufs genaueste verbunden sind. Der Ruhm der siegenden Könige, welche Städte und Länder verheeret, Völker ausgesogen, und allenthalben bluttriefende Denkmale ihres Daseyns hinterlassen, wird vor der

Unsterblichkeit eines Souverains verschwinden, welcher mitten im Krieg seine Staaten mächtig geschützt, ohne sie auszusaugen, welcher Städte gebauet, wenn andere dergleichen verheeret, welcher Wittwen und Waißen versorgt, wenn andere dergleichen gemacht, welcher die vor jenen fliehende Musen aufgenommen, und der Welt das Muster eines Originalgeistes, einer neuen Staatswissenschaft und einer neuen Gelersamkeit ertheilet hat. Die folgende Jahrhunderte werden demselben den schöpferischen Geist mit größerem Rechte beilegen können, als womit August sich rühmte: „Ich bekam Rom aus Ziegelsteinen erbauet und hinterlasse es aus Marmor."

Außerdem haben Ewr Herzogliche Durchlaucht dem hohen Hause Oesterreich Dero Ergebenheit und Freundschaft auf eine besondere und eclatante Art in diesem Kriege bisher bewiesen, und ich habe mir jederzeit geschmeichelt, daß dieses Ursache und Gelegenheit zur Vergrößerung Dero Hohen Hauses geben werde. Wolten nun Ewr Herzogliche Durchlaucht wohl jene Verdienste unterbrechen, und die Lebhaftigkeit ihrer Wirkungen dardurch verlöschen lassen, daß Dieselbe Sich blos mit der Vertheidigung Dero Länder begnügten?

Es ist wahr; das, was zu den Unternemungen meines Systems am unentbehrlichsten ist, ist die Manschaft, wegen der Bevölkerung. Wenn also dieses sol ausgeführet werden, so kann man den Wienerischen Hof mit keinen Trouppen unterstützen. Ewr Herzogliche Durchlaucht haben auch 2 wichtige und unverwerfliche Ursachen, solches von Sich abzulehnen: 1stlich fechten die Wirttemberger niemals leichtlich mit gutem Willen und Succeße gegen die Preußen, und 2tens haben Dieselbe Dero Trouppen zur eigenen Vertheidigung nötig. Hingegen werden Ewr Herzogliche Durchlaucht den Wienerischen Hof, gegen Ueberlaßung einiger kleiner benachbarter Länder, z. E. der Obern- und Niedern Grafschaft Hohenberg und der 12 nächstgelegenen Reichsstätte, mit einer Summe von einigen Millionen Gulden, und wenn sie sich auf 10—15 Millionen belaufen solten, unterstützen können. Diese Gelder werden in Holland und in der Schweitz können aufgenommen, und, wenn mein System ausgefüret wird, in 5 bis 8 Jahren wieder bezalet werden können, ohne neue Auflagen zu veranlaßen.

III.

Monseigneur.

Je ne sais pas le sort des pieces que je Vous offre, mais je sais que personne ne méritera jamais mieux que moi l'honneur de Votre souvenir par ses éfforts.

Trois années que j'ai consacré au service de Votre Altesse Serenissime dans un païs ennemi d'Elle, des occasions de faire ma petite fortune que j'ai méprisées, parce qu'elles m'auroient ôté la satisfaction de ne servir, ou de ne servir jamais qu'à Vous, Monseigneur, une vie toute semée de malheurs et de calamités, qui n'ont pu me détourner de mes desseins, m'assurent entièrement que le respêt infini et la tendre veneration que j'ai eû toujours pour mon Souverain n'étoient pas les éffêts d'un sentiment flatteur, aveugle ou passager.

Tel a été le destin de mes prémières années, et tel sera celui de mes derniers momens.

Sans s'arrêter aux meaux dont on est entouré,
S'élancer au dessûs de la mortalité;
S'efforcer d'être grand, tous foibles que nous sommes;
Mésurer son bonheur sur le bien fait aux hommes;
Rabaisser l'orgueilleux stupide et fainéant;
Dédaigner la fortune et tout air insolent;
Cueillir les fleurs de cette vie;
Se plaire dans ce monde et franchir l'avenir,
Dompter ses passions, et maitriser l'envie;
Des injustes faquins réprimer la furie;
Chasser d'un peuple entier la crasse barbarie;
Laisser aux tems futurs un tendre souvenir;
Des honteux préjugés surmonter la barrière;
Se moquer librement des sots;
Sans en compter les ans prolonger sa carrière;
Voilà les voeux du Sage; et voilà mon Heros.

Tel est le Prince que j'ai préféré à tous les autres; on s'en souviendra avec tendresse et admiration, quand la mémoire de la plûpart des autres princes sera oubliée ou détestée.

Daignez enfin me permettre de réïtérer ce que je Vous assurois il-y-a quinze jours, que je serai jusqu'au tombeau avec tous les sentimens dignes d'un tel Prince et dignes d'un tel sujet

Monseigneur,

De Votre Altesse Serenissime

le très humble, très obéissant et très respectueux serviteur et sujet
Jean Frédéric Schiller.

IV.

Monseigneur.

Si je prens la hardiesse de Vous offrir cet essai, c'est que je me flatte, que cet hommage ne sera pas tout à fait indigne de Votre Altesse Serenissime.

Peut-être en effet, qu'un système qui tend à élêver le Dûché de Wirttemberg au rang des Royaumes les plus florissants et les plus illustres; un système qui n'emploie pour moyens qu'un usage plus propre de la nature d'un païs bénit du ciel et d'une police éclairée, est-il capable d'intéresser les sentiments d'un patriôte, l'attention de tout être pensant, et surtout quelques regards favorables d'un Prince à qui l'on ne demande qu'un examen mûr pour le projet, et qu'une résolution ferme et décidée pour l'éxécution.

Si je dois montrer en général les moyens emploiés dans ce système, ce sont

1) La population;
2) L'augmentation
   a) de la fertilité de ce païs,
   b) de son commerce,
   c) et de sa puissance.

J'avoue, Monseigneur, que ces moyens sont assez connus; mais je suis sûr en même tems, que les conséquences que j'en tirerai et l'application que j'en fais dans ce système ne le seront point du tout.

Je montre les moyens de l'augmentation: de Vos revenus de huit ou de dix millions de florins en cinq années;

du nombre de Vos trouppes réglées de trente six ou de quarante mille hommes qui seront entretenus dans le meilleur état, sans qu'il en coute presque rien ni à Votre Altesse Serenissime, ni à l'état, dans le même espace de tems.

Je montrerai: que le tems qu'il faudra emploier pour parvenir au point de la perfection projettée dans ce système, n'est que de vingt cinq, tout au plus, de trente années; qu'alors le nombre de Vos sujets se montera à quatre jusqu'à cinq millions; Vos revenus à trente jusqu'à quarante millions de florins; le nombre de Vos trouppes en tems de paix à cent mille hommes, et en tems de guerre à deux cent cinquante mille.

Voici assûrément assez de paradoxes, Monseigneur; mais je ne les propose qu'en me sentant capable à les résoudre; et d'ailleurs quand on veut entreprendre quelque chose, il faut qu'elle soit au moins importante; autrement cela n'en vaudroit pas la peine.

S'il y a quelqu'un qui puisse m'objecter: que de telles entreprises sont téméraires pour un homme de mon âge, de ma qualité, et plus encore de mon génie; qu'il n'y a point d'exemple d'une révolution si grande et si subite; je lui repondrai: qu'il faudra voir; que ce n'est pas à un homme à décider par avance ce qu'il n'a pas examiné; que le génie est de tous les états et de tous les âges; enfin que ce n'est pas à Vous, Monseigneur, d'attendre des exemples des autres Princes ni des autres ministres, mais de leur en donner.

J'ose assurer à Votre Altesse Serenissime, que j'ai emploïé quelques années à pêser ce système; et que je n'ai emploïé que quelques jours à en mettre quelques foibles parties par écrit.

De là ce stile si peu brillant et si peu chatié pour des idées qui ne paroîtront, à ce que j'espère, trop peu solides.

J'ai jugé à propos d'essaïer par un pétit nombre des maximes de ce projet les sentiments que Votre Altesse Serenissime auroit pour des matières plus approchantes de leur bût. C'est l'accueil qu'Elle fera à cette foible esquisse qui va me déterminer sur tout le reste.

Je Vous supplie très-humblement, Monseigneur, de ne la communiquer à personne.

Ménageant Votre patience, et ce tems précieux que Vous emploiez à des travaux si nobles et si généreux, je m'épargnerai de Vous montrer en détail les inconvéniens qui semblent devoir résulter de l'état présent intérieur de ce païs, pour ne Vous peindre que son état futûr qui en contiendra les rémédes. Ce seroit marquer trop peu de confiance dans un génie aussi pénétrant et éclairé que le Vôtre, Monseigneur, que d'oser supposer que Vous n'appercevriez pas ces inconveniens de la situation présente par le contraste qu'ils forment naturellement avec celle de l'avenir.

De tels sujets, de quelque manière qu'on les traite, et quelques tâches, que le défaut du tems, des situations et même du génie de celui qui ose les entamer, y puissent mettre, ne seront jamais confondus dans la foule des minuties ni même dans celle des choses médiocres. Et malgré la malignité de quelques censeurs et les railleries des esprits imbécilles qui de tout tems ne jugent les autres que par eux mêmes, si le succès répond à de tels projets, ils seront toujours mis au rang des entreprises vastes, sublimes, hardies, immenses, mais heureuses pour le genre humain et glorieuses à leur tems.

J'ajouterai que quelque sort que Votre décision prépare à cet essai, je ne laisserai pas d'avoir au moins deux mérites. L'un de ne l'avoir addressé qu'au Prince du monde le plus capable de le faire réussir; l'autre de ne L'avoir fatigué par un détail trop longue et par conséquent ennuieux.

C'est donc maintenant à Vous, Monseigneur, à juger si j'ai travaillé inutilement. Dès que j'osois penser, c'est à dire vivre, mon souhait le plus ardent et unique étoit de servir avec quelque utilité distinguée mon Prince et ma Patrie; et je ne crois pas avoir commencé à vivre véritablement que par là.

Que mon plaisir sera immense de voir mon Prince se frayer une route toute nouvelle à l'immortalité, être le modèle que les plus grands Princes de l'avenir se feront honneur d'imiter, et Son nom fameux briller un jour comme une époque des plus éclatantes de l'histoire du genre humain! et que je serois heureux si mon peu de génie pourroit y contribuer en quelque façon!

Jugez enfin, Monseigneur, si de tels sentiments me rendent tout à fait indigne de la grace et de la faveur que je Vous demande. Personne montrera jamais plus de zêle pour Vous servir, ni méritera mieux que moi cet honneur.

Je suis et je serai toute ma vie avec le plus profond respect et la plus tendre vénération

Monseigneur

De Votre Altesse Serenissime

le très-humble, très obéissant et très fidèle serviteur et sujet

Jean Frédéric Schiller.

Beilage zu IV.

Pensées sur la population.

Première partie.

Je regarde le dégré de la puissance et de révenus d'un état que j'ai marqué comme absolument dépendant d'un certain dégré de la population. Il faut donc que je commençasse par là pour passer ensuite aux autres points.

Voici, Monseigneur, un denombrement de quelques inconveniens, dont j'ai remarqué, qu'ils pourraient mettre le plus d'obstacles à la population et au bonheur véritable d'un état:

1) La situation présente d'une partie assez considérable des sujets, qui loin de contribuer au bonheur et aux révenus d'un état, les diminuent et n'y prennent presque point de part.

Ces sujets, (qui le croirait?) ces sujets sont les soldats. Je Vous supplie très-humblement, Monseigneur, de me prêter autant de patience et d'attention, qu'il m'en faudra, pour démontrer évidement cette pensée, et que l'importance infinie de cet objet Vous en demande.

a) Les soldats ne peuvent se marier, par conséquent ne peuvent contribuer à la population.

b) Uniquement déstinés aux exercices militairs ils ne peuvent à présent être emploïés, ni à la cultûre des terres, ni au métier des ouvriers; et par conséquent, ils ne peuvent contribuer ni à l'augmentation de la fertilité d'un païs, ni à rendre plus florissante l'industrie de ses habitants . . . De plus

c) Comme on rémarque que le nombre des hommes de deux sexes qui naissent dans ces climats est à peu près égal, je n'avancerai qu'une vérité palpable en disant: que le nombre des filles qui sont mises par là hors d'état de se marier, est égal au nombre des soldats.

Pour montrer encore plus évidement qu'elle est l'importance de cette rémarque, je me servirai d'un calcul sûr.

J'ai avancé que dans cinq années le nombre des trouppes réglées de Votre Altesse Serenissime passera celui de cinquante mille hommes. Il ne tient qu'à Vôtre résolution, Monseigneur, de vérifier cette prédiction par l'événement. Or il s'en suivra, qu'en cas qu'on ne pourvoïe au mariage et à l'établissement des soldats, plus de cent mille hommes ne contribueront alors à la propagation de l'espéce.

Supposons au contraire que ces cinquante à soixante mille hommes soient mariés; qu'on leur ait donné des établissements suffisants pour pourvoir aux besoins d'une famille nombreuse, ce qui à mon gré ne souffre point de difficulté; supposons encore, qu'un tel père de famille ne produise que cinq enfans, (compte sûr assurément, s'il-y-en a quelqu'un); on verra que l'état aurait deux cent cinquante, ou trois cent mille sujets en quatorze années, qu'il ne pourroit pas avoir dans le cas contraire.

Permettez moi de le dire ingénûment: Monseigneur, comme l'état militaire d'un païs renferme précisément l'élite de la jeunesse la plus belle, la plus florissante, la plus robuste, la plus saine, la plus capable de travailler et de donner des enfans à l'état, il me semble que c'est justement couper dans ses racines et la population, et la fertilité, et le commerce, et l'industrie, en un mot, tous les ressorts les plus sûrs de la grandeur et du bonheur d'un état, que de ne pas établir et marier les soldats.

Oserai-je le dire? Quand on voudroit exécuter ce sistéme, dont j'ai montré les suites, il seroit convenable, de se tenir sur la défensive à l'égard de la guerre présente et de se contenter d'assurer la tranquillité publique et les frontières. Or on ne pourra jamais avoir des troupes plus braves, plus robustes, plus fidelles, plus nombreuses, que celles, qui en combattant pour leur Prince et pour leur Patrie, combattront en même tems pour défendre leur familles, leur biens, et leurs établissements.

Lés désertions, fléau qu'on ne saurait éviter dans la situation présente, diminueront infiniment, ou cesseront tout à fait.

Les révenus considérables qu'il faut emploïer maintenant à soudoïer les troupes, pourront alors être emploïés à des usages également utiles et nécéssaires pour élever ce païs au dégré eminent de prospérité et de gloire qui fait le but unique de ce système.

2) Il-y-a une maladie très-funeste de tout tems et qui sûrement cause plus de ravages que les guerres les plus sanglantes. Tout patriôte qui daignera calculer les milliers des enfans qui meurent tous les ans de cette maladie dans des états assez bornés, et plus encore sous le règne d'un seul Prince, en seroit effraïé.

Mais qu'elle sera la surprise de ce patriôte, quand on l'assûre qu'il-y-a des nations entières (les Anglois, les Turcs, les Circassiens, et à ce qu'on assûre, les Chinois) qui en préviennent les effets funestes. Sans doute qu'il plaindra sa nation, de n'avoir pas osé suivre l'exemple de ces peuples si sensés et si attentifs à leur intérêt publique et particulier.

Un autre obstacle à la population non moins considérable s'offre à mes regards. Un nombre prodigieux d'enfants des gens pauvres qui s'en sentent surchargés, qui ne leur peuvent pas procurer la subsistence, dont on ne se soucie guères, qui périssent insensiblement pour l'état, comme des éphémérides.

Zeitfracht Medien GmbH
Ferdinand-Jühlke-Straße 7
99095 Erfurt, Deutschland
produktsicherheit@kolibri360.de